[总第八辑]

Overseas Chinese Studies

华侨华人研究

· 张秋生 主编 ·

二〇一〇

中国华侨出版社
· 北京 ·

图书在版编目（CIP）数据

华侨华人研究. 2020 / 张秋生主编. — 北京：中国华侨出版社, 2021. 9
ISBN 978-7-5113-8689-2

Ⅰ. ①华… Ⅱ. ①张… Ⅲ. ①华侨－研究－世界②华人－研究－世界
Ⅳ. ①D634.3

中国版本图书馆CIP数据核字（2021）第 240823 号

● 华侨华人研究.2020

主　　编 / 张秋生
责任编辑 / 张　玉
经　　销 / 新华书店
开　　本 / 880毫米 × 1230毫米　　1/32　　印张/ 9.125　　字数/ 180千字
印　　刷 / 北京天正元印务有限公司
版　　次 / 2021年9月第1版　　2021年9月第1次印刷
书　　号 / ISBN 978-7-5113-8689-2
定　　价 / 36.00元

中国华侨出版社　北京市朝阳区西坝河东里77号楼底商5号　邮编：100028
发 行 部：（010）64443051　　传　真：（010）64439708
网　　址：www.oveaschin.com　　E-mail：oveaschin@sina.com

如发现印装质量问题，影响阅读，请与印刷厂联系调换。

• 前　言 •

华侨华人是我国独特的重要资源。目前世界各地华侨华人有 6000 多万人，华商资金超 5 万亿美元。[①] 改革开放以来，中国引进外资 60% 以上是华侨华人的资本，外资企业中 70% 以上是华侨华人的企业，[②] 他们是中国大陆现代化最重要的外部推动力。当代海外侨情出现了许多新情况、新变化：海外侨胞数量剧增、分布更广，有利于涵养、壮大侨务资源；海外侨胞的经济、科技实力进一步增强，参政意识和政治影响力明显提高；海外侨胞的民族认同感和自豪感大大增强，中华文化的影响力越来越大。

江苏是经济文化强省和新移民大省，现有海外华侨华人100 万人、侨眷 100 万人，侨资企业 5 万多家，还有在江苏创新创业的非江苏籍的侨商、侨领及各类中高端专业人才 50 万人。[③] 改革开放以来，包括江苏籍侨胞在内的海外华侨华人为江苏经济与社会发展和海内外经济文化交流、弘扬中华文化等发挥着不可替代的重要作用。为适应新形势下海内外侨情的

[①] 王继林等：“侨心侨智侨力，共铸美好江苏——新时期江苏侨务工作综述”，载《新华日报》，2017 年 7 月 31 日，第 4 版。

[②] 周文元，“侨与新中国——从贡献者到受益者”，中国侨网 www.Chinaqw.com. 2019 年 9 月 27 日。

[③] “南京侨梦园”，中国侨网 www.Chinaqw.com. 2016 年 9 月 23 日。

重大变化，江苏省加强了对侨务工作理论和海外侨情的研究。2011 年 12 月，江苏省委《关于贯彻落实党的十七届六中全会〈决定〉 实施文化建设工程的意见》明确提出，围绕江苏"2015 年基本建成文化强省"目标，江苏省政府于 2012 年 9 月开始推行部省共建计划，鼓励支持部省战略合作，以推进江苏文化强省建设。在 2012 年 3 月召开的江苏省侨务工作会议上，张卫国副省长强调要按照《国家侨务工作发展纲要（2011-2015 年）》和江苏省贯彻该纲要实施意见的要求，围绕又好又快服务"两个率先"大局，研究部署今后一段时期侨务工作，加强世情、国情、侨情、省情和侨务理论研究，在更广领域、更高层次上推进江苏省侨务工作务实创新发展。

作为和教育部共建的省属重点大学，江苏师范大学在华侨华人研究领域有着较强的科研力量，校方对加强华侨华人研究十分重视。该校华侨华人研究中心多年致力于澳大利亚、大洋洲和英联邦重要国家的华侨华人研究，形成了鲜明的学术特色，华侨华人研究在江苏省已具领先地位，特别是澳大利亚移民政策与华人新移民的研究已在国内外产生了重要影响。近年来中心成员先后承担国家社科基金重大项目 1 项，一般项目 10 项，教育部人文社科项目 7 项，国务院侨办、中国侨联和省社科基金项目 15 项，国际合作课题 9 项，为全国人大、国家部委和地方政府相关部门提供资政报告 10 余份，出版著作 10 余部，发表学术论文 100 多篇，获澳大利亚政府与澳中理事会奖 2 项，获省部级、厅级优秀成果奖 8 项。澳大利亚和大洋洲华人新移民的研究在国内外已具重要影响，10 多年来学科已培养硕士研究生 60 多名，其中有 20 多人获得澳大利亚项目资助并出国从事研究，建立了良好的硕士生人才培养基础。

为贯彻党的十八大精神，深化华侨华人和侨务理论研究，同时为国务院侨办侨务工作决策提供服务，江苏师范大学与江苏省侨办达成共识，于 2012 年 11 月联合向国务院侨办申报建立"国务院侨务办公室侨务理论研究江苏基地。"2013 年 1 月 7 日，国务院侨办批复同意江苏省侨办与江苏师范大学联合设立"国务院侨务办公室侨务理论研究江苏基地"。2013 年 5 月 12 日，国务院侨务办公室何亚非副主任亲临江苏师范大学，为国侨办侨务理论研究江苏基地揭牌，并强调指出："江苏是经济文化教育强省，同时也是侨务工作开展得有声有色的省份之一。在江苏组建国务院侨办第六个侨务理论研究基地，对于进一步整合江苏侨务理论研究力量，推动侨务工作的与时俱进和创新发展具有积极意义"。

为进一步推动江苏侨务理论研究和侨务工作的深入发展，江苏师范大学华侨华人研究中心决定出版学术理论刊物《华侨华人研究》，以及时总结和发表江苏基地华侨华人研究的最新成果，与学术界进行交流，共同推进我国华侨华人与侨务理论研究水平的提升。《华侨华人研究》（2013 年、2014 年、2015 年、2016 年、2017 年、2018 年、2019 年）七辑已正式出版。而且，随着研究的深入和学术质量的提高，从第六辑开始，本刊已正式进入中国知网检索刊物。

《华侨华人研究》（2020 年）第八辑共收入江苏师范大学华侨华人研究中心研究人员和国内外兼职学者、专家有关国际移

民与华侨华人研究方面的学术论文 11 篇，主要内容涉及三个方面：其一，华商研究；其二，侨务工作与"一带一路"建设研究；其三，国际移民与华侨华人研究。其中一些研究成果体现了国内外学术界研究的最新水平。例如，澳大利亚悉尼科技大学澳中关系研究院粟明鲜研究员、暨南大学国际关系学院／华侨华人研究院高伟浓教授和厦门大学南洋研究院博士后、湖南师范大学商学院朱庆研究员都不吝赐稿，提交了他们在华商研究与海外移民史研究方面的高水平的研究成果。江苏师范大学华侨华人研究中心成员的学术成果则集中体现了他们在澳大利亚、大洋洲和世界其他国家的移民政策与新华侨华人方面的研究特色，将进一步拓宽和深化我们对海外华侨华人的研究领域。书中的 2 篇书评和关于中国侨联重点项目《江苏华侨华人史》课题组调研活动等学术观点，也有利于学者及时了解国内外华侨华人发展动态和华侨华人研究学术前沿。

　　党的十九大，为我们深化侨务理论研究指明了新的方向。我们将继续以定期出版的《华侨华人研究》为学术阵地，进一步推进江苏省侨务部门与江苏师范大学及江苏省内外、国内外高校与研究机构的合作，不断整合研究力量，深入开展侨务理论研究，加强彼此间的学术交流。例如，江苏省侨务部门可以提供侨务工作中取得的成果或遇到的问题，江苏师范大学等省内外所在高校与研究机构的专家、学者利用学科专业特长和多学科综合研究的学术优势，为江苏省侨务工作遇到的问题提供理论分析和决策咨询，为江苏侨务工作的可持续发展提供理论支撑，并为全国侨务工作发展提供意见和建议。

"一带一路"是中国当前对外开放和对外经济合作的总纲领。江苏地理位置特殊，经济开放程度很高，而且是"一带一路"的重要交汇点，与沿线国家也有深厚的历史渊源和广阔的经贸合作往来。江苏师范大学华侨华人研究中心将在省侨务部门领导、组织和协调下，以党的十九大精神为指导，有效整合江苏华侨华人研究的科研力量，与全省各级侨务部门密切合作，重点结合当前我国深入推动"一带一路"倡议实施背景下，华侨华人研究领域的热点问题和江苏侨务工作与理论研究面临的实际状况，密切关注华人新移民群体（特别是海外华商和江苏新移民）的发展趋势，深入探讨当今海外华侨华人与中国的公共外交、侨务资源涵养与国家战略、海外华侨华人参与中国和平发展和维护促进国家统一与中国软实力建设、海外华商与"一带一路"建设等新的研究领域，以更好地为调整中国的侨务政策与人口战略，为推动江苏对外经济文化交流合作，推进改革开放和江苏经济与社会发展服务，进一步增强做好侨务工作的使命担当意识、改革创新意识和协调配合意识。同时，也为进一步提升江苏省的华侨华人研究水平，推动新时代侨务工作的与时俱进和创新发展作出贡献。

江苏师范大学华侨华人研究中心
《华侨华人研究》（2020 年）编辑委员会主任 主编 张秋生
2020 年 12 月

· 目 录 ·

华商研究

侨务工作与"一带一路"建设研究

国际移民与华侨华人研究

华商研究

汤士威炉埠"梁云洲号"商行的发展与传承

——白澳政策 ① 下澳华商贸企业研究系列之二 ②

（澳）粟明鲜

摘要：广东香山籍华侨华人梁云洲 1898 年移民澳大利亚雪梨（今悉尼）后，长期从事厨师行业，同时热心参与公益事业和侨团事务。因党争失败，1928 年梁云洲移居昆士兰汤士威炉埠创办"梁云洲号"商行，转型成为一名华商。通过潜心经营，商铺年营业额在 20 世纪 30 年代初期达到 2000 镑，40 年代末超过 9000 镑。为了培养继承人，梁云洲先后协助其子梁立华、其侄梁少鳣获得赴澳签证，接受教育，学习店铺经营，并最终成为合格的商行掌管人。从"梁云洲号"商行的开办到成功传承到下一代，前后历经 20 年，反映了 20 世纪上半叶白澳政策下华商企业在澳发展所面临的政策瓶颈与经营机遇。

3

---

① 白澳政策是澳大利亚联邦反亚洲移民的种族主义政策的通称。1901 年，白澳政策正式确立为基本国策，只许白人移居。1972 年，澳大利亚工党政府取消了"白澳政策"。

② 本文系 2017 年度国家社会科学基金重大招标项目《世界华商通史》（六卷本）（项目号：17ZDA228）的阶段性成果。

关键词：“梁云洲号”；汤士威炉埠；华商；梁云洲

一位在澳大利亚大都市里打工 30 年的老华侨，因积极参与当地侨社的政治活动而导致受压，只好出走到另一个中小城市，然后创业。过了几年，即在经营初见成效之后，他便开始考虑利用当时开放的赴澳留学政策，将儿子申请前往那里，然后设法将有了一定业绩的企业传承给了儿子。这间企业，便是在昆士兰州（Queensland）汤士威炉埠（Townsville）的“梁云洲号”（James Leong & Co.）。本文根据澳大利亚现存相关档案，将该企业的创办及传承过程整理，以勾画出该企业在第二次世界大战前后 30 年间的发展历程。

一

梁云洲（James Leong）出生于 1879 年，广东省香山（中山）县曹边村人。1898 年，奔赴澳大利亚发展。他从香港乘船直接就去到雪梨（Sydney）登陆入境，随后便在该地立足，寻找各种机会发展自己[①]。对于他在雪梨从事何种职业维生，没有任何档案宗卷予以说明；但据 1928 年的一项英文报道显示，他是一名厨师[②]。虽然这是有关其此前职业的唯一描述，但也由此可以推测，他在雪梨依靠厨艺立足，收入也较一般打

---

① Name：James Leong-Nationality：Chinese-Birthplace：Canton-*Certificate of Exemption from the Dictation Test*（CEDT）number：551/2, NAA：BP343/15, 19/7.

② “Chinese War, Echo in Sydney, Alleged Defamatory Libel”, in *Sydney Morning Herald*, Friday 13 July 1928, page 14.

工者要好些，生活相对比较稳定。

在 1904 年获得永久居留权后，梁云洲便热心公益，举凡捐款和为居澳华人争利益的事，都能见到他的身影①。他也积极参与雪梨华社的事务，尤其是与中国的政治事务及民族文化传播、振兴等事宜。20 世纪初年，他就成为雪梨保皇会的积极参与者②；民国成立后，中国国民党雪梨支部在 1914 年成立，梁云洲便在此时加入国民党，成为其在雪梨地区的首批党员，由此积极参与到与其相关的各项社区公益与政治活动。从 1918 年开始，他成为支部的评议员③；随后几年，他都一直是国民党雪梨支部的委员④。他参与各类演说⑤，也推动并投身于各类为中国振兴的事务及赈灾筹款⑥，是澳洲雪梨国民党支部的中坚分子。

物极必反。也许是太沉溺于与中国国内相关的政治事务，梁云洲自觉和不自觉地卷入了雪梨国民党支部里的派系争斗，

---

① 例如，1906 年为支持粤汉铁路修建，参与认股银二百圆。见："粤汉铁路第二次认股芳名"，载雪梨《东华报》（*Tung Wah Times*），1906 年 3 月 24 日，第 5 版。

② "本洲新闻·祝寿再纪"，《东华报》，1905 年 1 月 21 日，第 1 版。

③ "中国国民党澳洲雪梨支部职员表"，载雪梨《民国报》（*Chinese Republic News*），1918 年 1 月 26 日，第 6 版。

④ 如："中国国民党澳洲雪梨支部民国九年职员一览表"，载《民国报》，1920 年 1 月 31 日，第 6 版。

⑤ "梁云洲演说词"，载《民国报》，1918 年 6 月 8 日，第 7 版。

⑥ 如："良都湖州北台溪筑桥捐款"，载雪梨《广益华报》（*Chinese Australian Herald*），1918 年 12 月 7 日，第 2 版；"倡办澳洲全体华侨筹款救济局发起人"，载《民国报》，1918 年 6 月 1 日，第 6 版；"中国国民党雪梨支部筹办恳亲大会捐款芳名列"，载《广益华报》，1920 年 2 月 7 日，第 2 版；"捐款列：澳洲华侨捐助南华体育会芳名续布"，载《民国报》，1923 年 11 月 17 日，第 7 页。

并由此而影响到他的后半生。1926年，中国大革命的浪潮开始从广东席卷全国，北伐战争开始，国民革命军势如破竹。与此相适应的是，国民党的派系争斗也在这个时候达到一个高潮。1927年上半年，国民党不同势力因利益等问题争执，形成武汉与南京两大阵营，最终直接走向了同室操戈。而这一争执被带到了海外华社之中，雪梨国民党支部也就此问题形成了势不两立的两大派别，亦即左派支持汪精卫为首的武汉国民政府，右派支持蒋中正为首的南京国民政府，而梁云洲支持武汉方，是中国国民党雪梨支部的左派代表人物；欧阳南（David Young Narme）则支持南京国民政府，是右派的中坚人物①。在这期间，两派卷入了长期的党内互斗，不是左派宣布将右派开除出党，就是右派将左派除籍。为解决问题，雪梨国民党支部曾经召开大会，以期协调双方，统一意见。最终，会议决定承认南京政府，但仍有以梁云洲为首的40名党员跳出来反对，他们因而全部被清除出党。由是，梁云洲遂率领这些人刊布传单，以欧阳南为攻讦对象②。此事闹得满城风雨，几致失控。1928年初开始，欧阳南搜集证据，聘请律师，以对方涉及败人私德伤害名誉为由，将梁云洲告上公堂③。尽管法庭经一番

① 欧阳南生于1890年，也是香山（中山）县人，但在19世纪末年便来到澳大利亚发展，20世纪20年代初开始，便在雪梨华社中极为活跃，是当地著名华商，为安益利公司（Onyik Lee & Co.）的主要股东及总经理。澳大利亚国家档案馆中有关欧阳南的宗卷，见：David O' Young Narme［Chinese-arrived Sydney per SS EASTERN, 1899, Box 36］, NAA: SP11/2, CHINESE/NARME D O。

② 参见："党争兴讼"，载《东华报》，1928年3月31日，第7版。

③ "党人构讼"，载《民国报》，1928年4月7日，第6版。

核查，同意将梁云洲以犯诽谤罪进入审判程序①，但经陪审团的认定，法庭判决梁云洲确有上述涉及诽谤的行为，但尚不够入罪，他最终得以当庭释放②。总体而言，梁云洲在这次党争和诉讼中全面失利。这一年，梁云洲49岁，来到澳洲打拼已经有30年之久。

经此一番折腾，梁云洲从此在雪梨华社的活动中销声匿迹；而且，因党争失败与人事纠葛，他显然也无法在此间继续待下去。于是，1928年8月，他便辞去厨师工作，收拾行装，从新南威尔士州（New South Wales）北上，进入昆士兰州，最终定居于该州北部滨海重镇汤士威炉埠。

二

梁云洲远离雪梨华社是非场后，便不再过问世事，此后也再未去过那个让他爱恨交织的城市。汤士威炉埠有梁高（Leong Gow）和梁新（Leong Sun）哥儿俩，是梁云洲的曹边村同宗兄弟，19世纪末年便来到澳大利亚发展，由此就一直在这里，并且兄弟合伙在此经营一间商铺，以梁新的名字

---

① "Chinese at Law: Criminal Libel Case", in *Goulburn Evening Penny Post*（NSW），Wednesday 4 April 1928, page 1.

② 参见："党争案已判决"，载《东华报》，1928年7月21日，第8版。

命名①。梁云洲来到该埠定居，或许也是因为同宗兄弟在这里，可以相互有个照应。因此，抵达这个昆士兰的滨海城市汤士威炉埠之后，他不再充任厨师，也不踏足餐饮业开餐馆，而是决定进入零售业，效法梁高、梁新兄弟，创设商铺，开始重新创业。他在两位同宗兄弟的协助下，将在雪梨历年打工攒下的钱悉心安排，租赁该埠车打士滔路（Charters Towers Road）上的 84 号物业，开设了一间独自经营的杂货商铺，就以自己的名字作为店名，叫作"梁云洲号"（J. Leong & Co.）。由此，他潜心经营，积攒财富；五年后，其商铺的年营业额已经达到2000 镑。应该说，他的转行和经营非常成功。

8

生于 1917 年 9 月 25 日的梁华立（Leong Wah Lup）是梁云洲的次子，自幼便在家乡接受新式教育。随着其生意经营逐步稳定并有所发展，梁云洲开始考虑如何将生意传承给下一代这一重要问题。尽管他生意经营方才几年，但因其创业时已近 50 岁，他必须趁早谋划此事，方才可以在其年老时能将此生意传承下来。为此，他决定重点培养次子，以便其能肩负起发展的重任。而从 1921 年开始，澳大利亚实施《中国留学生

---

① 有关梁新和梁高的介绍，详见：Gow, Leong-Nationality: Chinese［Occupation-Grocer］［Born ?1875］-Alien Registration Certificate No 3066 issued 31 July 1918 at Thursday Island，NAA: BP4/3, CHINESE GOW LEONG；Name；Leong Sun-Nationality: Chinese-Birthplace: Canton-Certificate of Exemption from the Dictation Test（CEDT）number: 465/30, NAA: BP343/15, 14/969。梁新与其兄梁高合股，1915 年便在车打士滔路上开设了一家商铺，该商铺也是以他的姓名作为店名，事实上也是由他主持全面经营。关于梁新号商铺的情况，见：Leong Sun and Company, NAA: BP210/9, 76。

章程》，开放教育给中国学生，准允那些居澳华人申办其在乡子弟前来该国读书。尽管该项政策设置有诸多限制条件，也规定这些中国留学生学成后必须离开澳洲回国，但毕竟此举为这些居澳多年的老华侨申请其子女前来他们所居住的地方接受西方教育开启了一扇窗口[①]。梁云洲了解这一政策，遂决定通过让儿子来此读书的途径，先申请其前来澳洲留学，待条件合适时，再申请让他转为自己商铺的职员或者替工，从而为该生意的传承创造条件。

按照澳洲留学规定，年龄在 14 岁以上者，须具备基础英语学识能力。为此，根据梁云洲的安排，1934 年 8 月，梁华立就被家人送到香港，进入光大英语学校（Kwong Tai English School）念书，以提高自己的英语能力。他在这里念英语六级班，读了一年，各项成绩良好，到次年 7 月结业。鉴于此时他的英语能力已经达到赴澳留学的要求，而他也已经 18 岁，遂从光大英语学校校长那里拿到一封推荐信，再加上自己手写的一份英文作业抄件，寄给在澳洲的父亲，准备赴澳留学。

看到儿子符合要求了，父亲便立即行动起来，着手为其办理留学手续。于是，1935 年 10 月 7 日，梁云洲具结财政担保书，以监护人的身份填妥申请表，递交给位于雪梨的中国驻澳大利亚总领事馆，为儿子申领赴澳留学护照和签证。他以自己经营的梁云洲号商铺作保，允诺每年供给膏火 50 镑，作为儿子来澳留学期间的学费和生活费等开销，要把儿子安排入读汤

[①] 详见：Chinese merchants and students: Conditions governing entry into Australia, NAA: A2998. 1951/2130。

士威炉埠的罗马学校（Christian Brothers' College，亦即天主教会在此主办的基督兄弟会书院）。为此，他也事先找到该校校长，从他那里拿到了接受儿子入读的录取信①。

中国驻澳大利亚总领事馆接到申请后，经检查，见所有材料都到位，很快便通过了初审。10月24日，总领事陈维屏汇集这些材料，修书寄送澳洲联邦政府内务部秘书，为梁华立申请留学签证。内务部秘书受理上述申请后，立即行文昆士兰州海关，请其协助调查梁云洲的财务状况以及与签证申请者之间的关系。两个星期后，接受任务的汤士威炉海关提交了调查报告。据其掌握的资料显示，梁云洲过去几年的生意经营状态良好，年营业额约为2000镑，属于财务稳定的类型，且其人平时的操作记录也很好，颇具人缘。根据海关保存的出入境记录，他曾于1916年9月从雪梨搭乘"依时顿"（Eastern）号轮船回国探亲，到1917年7月9日再乘日轮"丹后丸"（Tango Maru）返回雪梨②。而梁华立是在梁云洲返回澳洲两个月后出生，显系是后者探亲的结果，因而他们之间的父子关系毋庸置疑。内务部秘书接到上述有利于梁云洲的报告后，确认他符合监护人和财政担保人的条件，再检视梁华立的英语能力，显然也都符合要求，遂于11月18日批复了上述签证申请。中国总领事陈维屏接获批复通知，两天后就给梁华立签发

① Leong Wah Lup-Student passport［1.5cms］-Part 1, NAA: A433, 1947/2/2404.

② Chung Hang, Louie, Way Young, James Leong, Ah Lin, Ah Hoo, Ing You, Mrs Joe Sing Lee, Joe Sing Lee and Chun Way Hee［certificates exempting from［the］Dictation Test-includes left hand impressions and photographs；box 99］, NAA: ST84/1, 1916/207/71-80.

了一份中国护照。当天，他便将该护照送交内务部；后者也于两天后在护照内页上钤印了签证章，退还给中国总领事馆，由其负责转寄给持照人。从提交护照申请到签证核发，前后一个半月，算得上审批快捷。

已经在香港做好了赴澳留学准备的梁华立，一俟接到中国驻澳大利亚总领事馆寄来的护照和签证，立即购买船票，登上"太平"（Taiping）号轮船，于1936年1月23日抵达汤士威炉埠港口。在入关时，移民局官员按照规定测试其英语能力；结果显示，他确实是在英语读和写这两个方面都达到了相当熟练的程度，因而顺利过关，也当场获得了12个月的留学签证。而梁云洲则在同宗兄弟梁新的陪同下，提前到海关，将儿子接出来后，就安顿在他自己的店铺里。

梁华立抵达汤士威炉埠的日期，正好是当地学校新学年开学的前夕。由是，他放下行李后，就去到罗马学校注册，然后正式入读。由于他的英语已经有了一定基础，因而很快就适应了当地的学习环境，就读中学课程。学校向内务部提供的例行报告显示，他在校表现良好，各科学业令人满意，因而在次年初便顺利地拿到了下一个年度的展签。

梁少鳣（Leong Sue Chen）出生于1921年12月7日，是梁云洲的侄儿，也就是梁华立的堂弟。见到堂哥梁华立申请赴澳留学及在澳读书顺利平稳，此时正在中山县石歧圣这士英文书院（St. Jessie Grammar School）读书的堂弟梁少鳣也跃跃欲试，希望伯父协助他来到汤士威炉埠留学。而梁云洲也认为这个侄儿能读书，有前途，如果能来到澳洲深造，将来在需

要时也可能协助其堂兄梁华立经营生意，自然也很乐意将其申请前来留学读书，让其成为自己生意传承的一个"备胎"。因此，在接到他寄来的上述书院院长的推荐信及梁少鳣本人手书的英文信后，梁云洲便再次为其向罗马学校校长要到了一份入学录取信，就于 1937 年 6 月 3 日填表，再次以监护人身份，向中国驻澳大利亚总领事馆申领侄儿梁少鳣的赴澳留学护照与签证。他同样是以自己经营的梁云洲号商铺作保，承诺每年供给的膏火同样是 50 镑，以充侄儿来澳期间的学费和生活费，希望能尽快批复他这位 16 岁的侄儿来此间读书。

继陈维屏担任中国驻澳大利亚总领事的保君建及时处理完这份申请后，便于 6 月 8 日备文，商请内务部秘书尽快为梁少鳣核发签证。因刚刚审理完梁华立的展签没有多久，且梁华立的财务状况又很好，符合监护人和担保人的要求；而从提供的材料看起来，梁少鳣的英语能力与两年前梁华立申请时的状况也比较相近，内务部秘书便没有再发文去海关要求协查，省去了此项必要的流程，而直接予以批复。6 月 23 日，他通知保总领事，梁少鳣的签证评估通过。保君建总领事得知获批，非常高兴，立即于 6 月 25 日给梁少鳣签发了中国护照；而五天后，内务部秘书也在送交过来的该护照上钤盖了入境签证印章。从递交申请到获批签证，前后不到一个月，事情进行得非常顺利，较之当年审理梁华立的申请更为迅捷①。

梁少鳣也跟堂兄一样，早就做好了赴澳留学准备。当接到

---

① Leong Sue Chen – student, NAA: A2998, 1952/2.

中国驻澳大利亚总领事馆寄来的护照后，就立即通过香港的金山庄订购船票。待诸事妥当，他便从中山县石歧赶到那里，同样是搭乘"太平"号轮船，于当年 9 月 28 日抵达汤士威炉港口。他也跟堂兄一样，在语言测试中向移民局官员展示出其较好的基础英语能力，从而顺利入关。这一次，梁云洲是在来自石歧的另一位同乡阮官照（Goon Chew）陪同下 ①，至海关将侄儿接出来，仍然是将其安置在自己的店铺中住下。

休息五天后，10 月 3 日那一天，梁少鳣在堂兄梁华立的带领下，去到罗马学校，正式注册入读。因有堂兄从旁协助指导，他很快就适应了这里的学习环境，各方面表现都令人满意。由是，兄弟俩一起上学，在校表现都可圈可点。而且，他们都在学校里给自己取了英文名，梁华立叫 Philip Leong，梁少鳣则叫 Ronald Leong。

见到儿子和侄儿学习用功，备受学校好评后，梁云洲也非

---

① 阮官照经营有两个商铺 [都是直接就用他的名字官照（Goon Chew）作为商铺名]，一个主要经营生鲜果蔬，另一个则售卖杂货，还与人合作经营农场，生意做得还算比较大。更多的详情，见：Chew, Goon-Nationality：Chinese [DOB：22 December 1872，Occupation：Gardener] -Alien Registration Certificate No 383 issued 26 October 1916 at Townsville，NAA：BP4/3，CHINESE CHEW GOON；Goon Chew-Nationality：Chinese-Includes application for Certificates of Exemption from Dictation Test [C.E.D.T.] and character references，NAA：BP234/1，SB1934/2651。他的儿子阮定（Yuen Din）在 1921 年至 1929 年间在汤士威炉埠留学和做工，20 世纪 30 年代初还想重返澳洲进入父亲商铺做工，但因违规，来澳后被迫离境。详见：Yuen Din-student passport-exemption certificate，NAA：A1，1930/1965。因父亲在 1943 年去世，阮定最终在 1948 年重返汤士威炉埠，继承父亲遗产，于 1957 年留居澳大利亚。见：YUEN Din-Nationality：Chinese-Arrived Sydney per aircraft 19 April 1948，NAA：B78，1957/YUEND。

常高兴，因为学好英语读好书是继承并管理好其生意的一个有力保证。由是，到其将满 60 岁之前，梁云洲便开始实施其企业传承的交接工作。按照澳大利亚政府的相关规定，居澳华商在其所经营之生意达到 2000 镑以上后，可以在其因需要回国探亲时申请他人代为管理其生意，亦即其替工。该项规定虽然原则上要求该项生意额应包括有出口贸易在内，但也允许有例外，当局可视情予以批复。这个替工也可以从海外聘请，通常是店主自家孩子及亲友；而这样的替工签证属于商务签证，通常是一年，可连续展签到三年 [①]。梁云洲自然也是循此途径来实施自己的计划。1938 年 5 月 2 日，保君建总领事致函内务部秘书，告知梁云洲计划近期内就回国探亲，希望其子能代为经营店铺。也就是说，在他离开澳洲在中国探亲期间，梁华立的学生身份应该转为工作签证，亦即身份改为商人。接到此项申请后，内务部秘书通过海关得知，自 1928 年开业以来，梁云洲的生意都是独自经营，未曾雇用过任何帮手；而在上一个财政年度，其营业额为 2342 镑，净利润有 216 镑，这样的业绩显示出店主的经营较为成功。由是，考虑到梁云洲虽未从事进出口贸易，而只做本地杂货商品经销，生意做得也还算顺利，尤其是达到 2000 镑以上的年营业额，殊属不易；一旦他离开，势必需要一个人代其经营，方才可以维持。也就是说，梁云洲号生意符合使用替工的要求。于是，内务部秘书在 6 月

---

① 关于本文涉及时期澳大利亚移民政策的变化，详见王省吾：《白澳政策与中澳交涉》，载中国文化史籍研究所编：《陈乐素教授（九十）诞辰纪念文集》，广州：广东人民出版社，1992 年版，第 427-430 页。

7日批复了上述申请，给予梁华立一年的工作签证。如果签证到期后梁云洲未能按期返回，他还可以申请展签，可累计申请三年的工作签证。该项签证的条件是：梁云洲须在签证批复三个月内离境回国。也就是说，在这段时间里，梁云洲须给予其子密集培训，让其熟悉该商行的进出货品的程序、结账、盘点和销售服务等各项环节。而在梁云洲结束探亲回来后，梁华立须在一个月内将经营权交还，然后重返学校继续念书，或者立即订好船票回国。

但是，梁云洲因多年未曾回国，此间的事情又太多，无法在儿子签证批复后的第三个月内暨当年9月离境，遂通过汤士威炉海关申请延期离境，表示要推迟到1939年2月方才可以成行。汤士威炉海关自然明白他的拖延受诸多因素影响，乃属身不由己，遂予以批复。如此，21岁的梁华立就只能继续在学校里读书，直到这一年的年底，正好完成了预定的中学学业。而在这时，中国总领事馆也只能按照惯例，继续为其申请留学展签。接到申请后，内务部秘书了解到，1938年6月30日之前的财政年度里，梁云洲号商行的营业额达到2523镑，净利润为197镑，生意经营得比较理想，便在1939年2月6日如其所请。而在2月23日，梁云洲也最终得以搭乘"太平"号轮船，离境赴港，回国探亲①。由是，梁华立便正式接管父亲的店铺，代其经营管理，而其工作签证也由此时正式起算。

---

① Name：James Leong-Nationality：Chinese-Birthplace：Canton-Certificate of Exemption from the Dictation Test（CEDT）number：551/2, NAA：BP343/15, 19/7.

梁华立的经营有声有色，到 1940 年初便按例获得了展签。而在当年年底的海关报告中，也显示到 6 月 30 日截止的上一个财政年度里，梁云洲号商铺的营业额已经达到 3011 镑，净利润为 236 镑，经营非常令人满意。按照这个业绩，内务部继续批复展签应无问题。只是到 1941 年初，梁云洲结束了在国内的探亲，从香港搭乘"太平"号轮船，于 3 月 23 日回到了汤士威炉埠。而在这段探亲时间里，他也多方申请妻子赴澳探亲，终获批准，因而回澳时也携带太太亦即梁华立的母亲一起同来①。内务部原本在这一年的年初就准备核发给梁华立额外一年的展签，因得知梁云洲即将返澳而有所耽搁；待确认后者已经顺利返回澳洲之后，按照此前的签证条件，梁华立应重返学校念书或离境。但检视其年龄，到今年 9 月他就届满 24 周岁，达到中国留学生在澳留学的最高年限，对此，内务部秘书仍然无法核发给他留学展签。这样的情形也就意味着梁华立必须结束留学，返回中国。为了确认其去向，4 月 30 日，内务部秘书致函中国总领事保君建，就此问题询问是否中国总领事馆与梁华立之间已经有所沟通并且作了安排，以便内务部对其签证问题作出最后决定。

事实上，梁华立也明白父亲当初安排他作为替工，是想让他能够积累经商经验，并通过各种途径最终留下来，接管其所创办的生意，继续经营；而如果能够在结束替工生涯后再能设法留下来澳洲做工，就有机会完成父亲的夙愿；而一旦就此中

---

① Leong James Mrs-Chinese-arrived 23 March 1941 in Cairns aboard TAIPING-departed 16 May 1948 from Cairns aboard CHANGTE, NAA: BP210/2, LEONG J.

断居澳回国，即便此后仍然可以申请重返澳洲，则可能因各种突发情况及特殊阻碍而无法成行，导致上述计划前功尽弃。为此，梁云洲梁华立父子早就对此作出了预案，并商之于中国驻澳大利亚总领事馆，以期能达成目标。中国总领事保君建于5月5日复函内务部秘书，告知自其父亲梁云洲返回澳洲后不久，梁华立便与中国总领事馆联络，表示希望进入汤士威炉埠的另一家颇具规模的大型华人商行"马广号"（Mar Kong & Co.）工作，充任店员，希望代为申请工作签证。而马广号之大股东马初见（Mar Chor Kin）也跟中国总领事馆联系，希望通过该机构向内务部提出申请，表示因业务拓展，人手不足，需要增添店员，他们很愿意雇用这位将父亲的商铺经营得有声有色的年轻人[①]。保总领事在申请公函中表示，据其了解，在上一个财政年度里，马广号的营业额已达16467镑，业务扩展得很好；目前该商行已经有两位海外身份的店员，按规定还应该可以雇用另一位海外身份的店员以助其业务的扩展。因此，他希望内务部能够批准在商业经营上颇有作为的梁华立加

---

① 马初见是香山（中山）县沙涌村人，大约1871年出生，20岁左右（1891年）奔赴澳大利亚寻找机会，进入雪梨一带发展，最终加入到同村同宗马氏开办之永生果栏（Wing Sang and Company），在其中占有股份（见：Chinese employed under Certificate of Exemption by Hook Wah Jang & Co, Townsville, Queensland [death of James Sue Sue, wife Wai chun or Wai Jun, Mar Man Chiu, Mar Chor Kin], NAA：J25, 1949/2743）。他在与梁云洲大致的时间来到汤士威炉，从其同村同宗兄弟马广（Mar Kong，1875年生，于1896年来到澳大利亚发展）手中收购和接管了这间大约在1900年左右开办的马广号（商行易主，但注册商号未变）。关于马广的详情，见澳大利亚国家档案馆宗卷：Application for Certificate of Domicile for Mar Kong, a fruiterer from Townsville, NAA：BP342/1, 7790/232/1903。

入这间业务日渐扩大的商行工作。内务部秘书随后通过汤士威炉海关了解到马广号的经营确实不错，且业绩骄人，按规定该商行也具有资格另行多雇一名海外员工，而梁华立过去两年的表现也确实相当出色，是个合适人选。于是，6月17日，内务部秘书批复了这一申请，给予梁华立一年的工作签证，有效期从这一年的2月起算，即接续此前未曾批复的展签。由是，梁华立留下来澳洲的初步愿望得以达成。

也就在上述这段时间里，梁少鳣继续在罗马学校念书，且各科学习成绩都令人满意。1939年下半年，他因大腿受伤，在医院和家中卧床达47天之久。尽管如此，这也并没有影响其在校的学业；到年底学期结束时，他的考试仍然令人满意，因而也没有影响此后内务部核发其留学展签。

在成功地将儿子留下来后，梁云洲开始考虑如何将自己的生意交予儿子打理，完成其生意的交接与传承。而1941年底太平洋战争爆发，澳大利亚立即对日宣战，成为世界反法西斯阵营的盟国；昆士兰也因最靠近抵抗日军南侵的战场，大量美国和澳洲军队麇集，其对战时生活物资的需求也为当地商业发展提供了动力，自然也为梁云洲号商行的传承提供了一个良机。1942年初，中国驻雪梨总领事段茂澜致函内务部秘书，表示梁华立因父亲年事已高，尤其是身体健康状况堪虞，而因商铺发展的需要，又迫切需要一个帮手，为此申请重返梁云洲号商铺协助父亲经营。根据海关提供的资讯显示，上一个财政年度里，梁云洲号商铺营业额达到3596镑，有了更好的发展；这样的业绩，事实上也已经符合聘请一名助理以协助经营的要求。为此，3月6日，内务部批准了上述申请。由是，梁华立离开工作了大半年的马广号，回到梁云洲号商行，协助父亲经营其生意。到1944年7月1日，65岁的梁云洲以身体状况不好无法继续亲力亲为经营为由，申请将其商铺的所有权全部转交给儿子，也获得了有关方面批复。由是，梁华立便正式成为父亲这间梁云洲号商行的主人，继续经营，并将其逐渐扩大。

而与此同时，梁少鳣则继续在罗马学校读书，直到1943年底完成了初中课程，并通过了毕业考试。在这段时间里，因太平洋战争的爆发，战时澳大利亚政府对所有滞留在澳的盟国公民都提供三年临时居留签证，有效期至1945年6月30日；如签证到期时战争仍在继续，则该签证便自动展延两年。梁少鳣与其堂兄一起，都享有此项政策红利。在1944年到1945年初的一年多时间里，梁少鳣去到昆士兰州首府庇厘士彬（Brisbane）以及雪梨两地，受雇于澳大利亚战时人力资源调配机构，加入战时民工建筑军团①，服务于各项战时需要的工作。与此同时，他在此期间并没有放弃学习，通过函授教育，一直在为高中文凭及大学入学考试做准备。为此，从1945年2月开始，他进入庇厘士彬埠的圣玛丽书院（St. Mary's College）就读，一年后，完成了相应的高中课程，并顺利地通过了大学入学考试。

从1946年2月开始，梁少鳣成功地被昆士兰大学

---

① Leong, Ronald［Sue Chen］-born 1921-Civil Constructional Corps CQ100488, NAA: J1732, LEONG R.

（Queensland University）录取入学。事实上，他的入学考试成绩相当好，可以就读商学、农学、科学、应用科学、牙科、兽医等不同学科。但梁少鳣经一番选择，最终成为应用科学系的学生。只是该系学生要学的科目众多，到年末他有好几门功课没有通过，使得他对该系课程产生了畏难心理，便在1947年新学年开学后，转到科学系就读理论科学的课程。转系后，他的学习变得很顺利。由此，他一直读到1949年底，完成了理学士学位课程。

三

战后，有关外侨事务的管理转由澳洲联邦政府移民部负责；但因战后复员与国家重建等事务是澳大利亚联邦政府各部门的首要任务，因而直到1947年初，移民部才得以腾出手来处理战时滞留在澳之盟国侨民的去留问题。通过海关，移民部了解到梁云洲号商行在上一个财政年度的营业额达到9953镑，净利润为402镑①。虽然得知梁云洲打算近期回国探亲，是否还能回来澳洲则说不准，也许此后就在家乡养老了，但移民部则对其当年转让所有权一事要求予以澄清。对此要求，汤士威炉海关只是表示，当时似乎是梁华立将此所有权转让口头

---

① 从1945年底梁华立在汤士威炉埠当地报纸上所做的广告所占篇幅已有豆腐块大小并承诺可在城区内送货上门的情形来看，已经显示出其商行的发展日益壮大，业绩越来越好。见："Advertising", in *Townsville Daily Bulletin*, Monday 19 November 1945, page 6。

告知了某个海关关员，但检索下来，档案中没有此次转让的任何记录。经一番内部讨论及重新核查梁云洲号商铺的记录与业绩，以及参照移民法的规定，都显示出这位老华商完全可以在年老退休时合法地将其蒸蒸日上的生意转交给其子永久继承并经营。由是，移民部在 1947 年 7 月 2 日决定，将梁华立的工作签证展签五年，有效期到 1952 年 6 月 30 日。也就是说，正式认可了上述生意的传承合法。由是，梁云洲号商行的交接传承正式完成。梁云洲见事情得以圆满解决，遂于次年 2 月携妻子一同乘船返回了中国[1]。此后，澳洲再未见到与其相关的任何信息，或许，他回到家乡后，因形势巨变，就再也无法出来。

而梁华立在 1944 年正式获批接管父亲的商铺后，也顺势将梁云洲号商铺改名为日升号（Rising Sun & Co.），但在 1945 年时正式更名为梁华立商店（Philip Leong Store），此后便一直沿用该名。此前，他的叔伯兄弟梁颂康（Chung Hong），亦即他当年刚抵达汤士威炉时与其父亲梁云洲一起去到海关迎接他出关的同宗叔父梁新的侄儿，比他早半年在 1935 年便来到这里留学读书[2]。1938 年后，梁颂康也获准进入位于汤士威炉埠北面 110 公里处英壬埠（Ingham）的一间名

①　Certificate Exempting from Dictation Test（CEDT）-Name：James Leong-Nationality：Chinese-Birthplace：Canton-departed for Hong Kong per SHANSI 6 February 1948，NAA：J2483，568/52。回国时，梁云洲已经 69 岁，在澳奋斗了 50 年。在澳大利亚国家档案馆里，再未能查找到此后与其相关的档案的宗卷，很有可能，此后他便老死家乡，或者由此迁居香港颐养天年。

②　详见：Chung Hong-Students Ex/C，NAA：A1，1937/153。

叫"洪源号"（Houng Yuen & Co.）的华人店铺工作 ①。但在太平洋战争爆发后二年，洪源号老板梁瑞荣在 1943 年底因车祸去世 ②，由其子接管商行 ③；而此时正好梁华立接管父亲的生意后，也需要帮手，而其堂弟梁少鳝仍然在上学，暂时还无法进入商行协助经营，梁颂康便从英壬埠转来为这位只比他年长一个月左右的宗兄工作。战后，梁华立继续聘用梁颂康 ④，商店的生意也有很大发展；最终，他让这位同宗兄弟入股，成为其合伙人，因而也为后者最终留在澳洲归化入籍创造了条件 ⑤。

早在 1944 年，27 岁的梁华立就与 23 岁的李容鸿（Lee Yung Hung）在汤士威炉结婚 ⑥。后者也是中山县人，其父李安（Lee On）是在 19 世纪 90 年代末来到汤士威炉发展 ⑦，在此当菜农起家，随后经营商铺，于 1938 年 12 月 28 日将女儿以店

---

① 该商行由梁瑞荣（Leong So，但在档案中也写为 Charlie Hong）于 1906 年开创。见：Leong Moon Gow, Leong So, NAA：J2773, 362/1924。

② 1943 年 11 月 29 日上午商行开门前，梁瑞荣不慎被自己商行倒车卸货的货车当场轧死。见："Ingham Accident", in *Townsville Daily Bulletin*, Tuesday 30 November 1943, page 2。

③ Leong, William John-Nationality: Chinese-Arrived Townsville on Victoria 17 September 1923, NAA: BP25/1, LEONG W J CHINESE.

④ Philip Leong Store, NAA：BP210/9, 103.

⑤ LEONG, Philip（Business "Philip Leong Store"）-CEDT（Certificate of Exemption from Dictation Test）, NAA: J25, 1949/4424.

⑥ "Weddings", in *Townsville Daily Bulletin*, Wednesday 13 December 1944, page 4。李容鸿 1921 年出生，与梁华立结婚的日期是 1944 年 11 月 30 日。

⑦ Certificate Exempting from Dictation Test（CEDT）-Name：Lee On（of Townsville）-Nationality：Chinese-Birthplace：Canton-departed for China per TANGO MARU on 3 November 1917, returned to Townsville per TAIYUAN on 1 June 1918, NAA: J2483, 233/74.

员身份申办来到汤士威炉埠 ①。婚后，李容鸿一方面协助丈夫经营生意，另一方面则为其开枝散叶，到 1949 年时，已为梁华立生育了 4 个孩子 ②。最终，他们夫妻二人在 20 世纪 60 年代初归化澳籍。

梁少鳣在 1949 年读完大学后，继续向移民部申请额外的两年展签。他的理由是：其一，希望在此期间找到无线电工厂里的工作，以获得在这方面的工作经验；其二，在此期间他将注册入读雪梨马科尼无线电学校（Marconi School of Wireless，Sydney）的函授课程，即就读夜间课程，希望由此拿到一份专业的执业证书。1950 年 2 月 6 日，移民部批复了他的申请。但梁少鳣在 5 月 10 日致函移民部秘书，告知马科尼无线电学校的上述课程只限于给盎格鲁撒克逊血缘的年轻人选择，他无法注册入读；但雪梨工学院（Sydney Technical College）也有提供类似的文凭课程，每年分五个不同等级上课，根据他本人的条件，他可以在四年内完成此项课程。为此，他希望移民部给他的签证应该延长到四年，这样他便可以完成此课程，拿到上述执业证书；而在此期间，他将会在雪梨的 E.M.I.（Australia）Pty. Ltd.（澳洲电子乐器公司）工作。但最终移民部并没有接受他的申请，仍然只是保留了给他的两年签证。到 1952 年，因雪梨工学院证明他确实应该去上述机

① Leong, Edith［nee Lee Yung Hung］; Leong, Wah Lup［Philip］, NAA: J25, 1958/2848.

② Leong, Wah Lup［Philip］-CEDT（Certificate of Exemption from Dictation Test）, NAA: J25, 1958/2480.

构工作，才能更好地完成余下的课程，于是，移民部再给梁少鳝展签两年。1954年底，梁少鳝顺利地完成了上述学业，也拿到了电子工程师执业证书。1955年1月7日，他去到雪梨移民局办公室，希望再给他核发居住签证，并希望能继续让他受雇于上述电子乐器公司，而此时公司提供给他的薪水是每周18镑。移民局官员翻查了他的档案，发现自1937年进入澳大利亚后，梁少鳝利用了所有能够抓住的机会，并且也自己创造机会，就是为了能留下来不走。而当时鉴于国际形势，尚未有华人被遣返中国大陆的先例。于是，移民局便再给他展延一年的签证。

此后，梁少鳝继续申请展签，仍然获得批复。他在完成了上述雪梨工学院的课程并拿到工程师资格后，于1961年重返汤士威炉埠，进入堂兄梁华立的商行协助经营，担任副经理职位，最终达成了伯父梁云洲此前将其申办来澳留学的目的，并于1966年归化澳籍①。自此之后，他才结束单身生活，与一位1938年在香港出生的华人女子结婚，最终将其从香港申请来到澳大利亚与其团聚②。

从梁云洲号商行的开办到成功传承到下一代，前后历经20年时间；而时局的变化及生意的发展，则使得其接班人最终定居澳大利亚，反映了20世纪上半叶华商企业在澳发展所面临的政策瓶颈与经营机遇。

---

① Wong, Pik Wan〔Lyong Pik Wan〕; fiancee Leong, Sue Chen〔or Ronald Leong〕, NAA: J25, 1971/5947.

② WONG Pik Wan born 21 September 1938 – Chinese, NAA: A2495, 1971/3038.

上：1935 年 10 月 7 日，梁云洲以监护人的身份填表，递交给中国驻澳大利亚总领事馆，为儿子申领留学护照和签证；下：1937 年 6 月 3 日，梁云洲填表，以监护人身份向中国驻澳大利亚总领事馆申领侄儿梁少鳕的赴澳留学护照与签证。

　　上：1960 年，梁华立贴在澳洲临时入境证件上的照片；中：1939 年，李容鸿在汤士威炉埠的外侨登记证；下：1937 年 5 月 14 日，中山县石歧圣这士英文书院院长开具的梁少鳣在该书院学习英语的推荐信。

上左：1939 年，梁华立的外侨登记卡；上右：1947 年，梁云洲申请的"回头纸"；下：1935 年 8 月 9 日，香港进入光大英语学校校长出具的梁华立在该校学习英语的证明信。

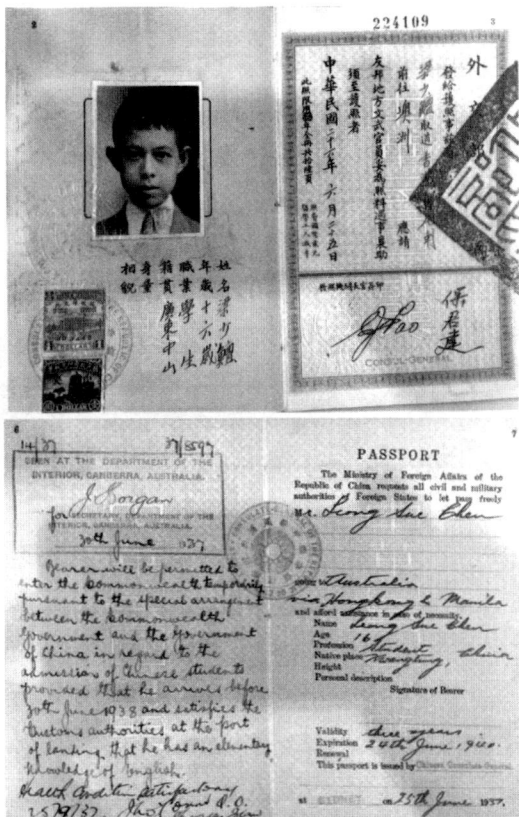

1937 年 6 月 25 日，中国驻澳大利亚总领事保君建给梁少鳢签发的中国护照内页，以及同年 6 月 30 日澳洲内务部在护照内页上钤印的入境签证章。

作者简介：粟明鲜，男，澳大利亚华裔学者，江苏师范大学澳大利亚研究中心 / 华侨华人研究中心客座教授，"江苏省高校国际问题研究中心"——澳大利亚研究中心成员，主要从事澳大利亚史、华侨华人史研究。

巴西传统华人小商贩的起源与繁衍 [①]

高伟浓

摘要： 华人小商贩是构成华商的主体，在整个华侨职业结构中占据十分重要的地位。巴西的华人小商贩出现时间很早，在中国大陆新移民到来前，来自中国农村的自由劳工来到巴西在雇用期满后，一般留在当地自寻工作，对于这些别无所长的华侨来说，做不需要技术的小商贩是他们最好的出路。巴西华人传统小商贩起源于 19 世纪上半期的固定摊贩，他们经营的多是属于坐商经销的杂货店铺，到了 20 世纪初又发展出以流动小贩为主的"提包客"。这两种类型的小商贩联系密切，"提包客"通常要向店铺主批发到各色小商品，才能提着大包小包上门零售，而店铺主则要依赖"提包客"，否则店铺里的存货就不能及时批发出去，造成积压。到了 20 世纪 60—70 年代，巴西华侨华人社会发生量与质的变化，传统华人小商贩在巴西工商业兴起后转行开店，它标志着"提包业"的转型，即进入了"固定店铺 + 提包"的时代。

关键词： 华人小商贩；杂货铺；提包客

① 本文为国家社科基金重大招标项目《世界华商通史》（六卷本）"（项目号：17ZDA228）的阶段性研究成果。

早年移居巴西的华侨不大可能从家乡一来到居住地就会成为杂货店主、百货店主，因为那时候的华侨没有携资移民之说。他们几乎无一例外地都来自中国农村。他们来到巴西时身无分文，只能白手起家，从打工者做起。"资本原始积累"是后来成为店主的华侨不可逾越的初级阶段。

　　早年作为自由劳工的巴西华侨以小商贩为多。小商贩包括流动小贩、固定摊贩和小商。一般来说，流动小贩和固定摊贩属于小商贩的低级形式，小商则是小商贩群体的高级形式。小商贩包括了零售商店、小杂货铺、市场摆摊、走街串巷以及在乡村叫卖的人。从行业来说，本文所说的小商贩可分为从事食品业者和从事百货业（日用小商品）者。就历史上的情况来看，在巴西，很多店铺通常兼销两大种类商品而不分店销售（例如杂货店铺亦经销日用小商品）。在这种情况下，就没有专门的杂货店（铺）主或百货店（铺）主，而只存在主销某一类商品的店（铺）主，通常称杂货店（铺）居多。①

　　巴西的华人小商贩出现时间很早。粗略地看，在中国大陆新移民到来前的传统华人时代，可分为两个时期。一是华人小商贩形成时期，多是固定摊贩，属坐商经销方式；二是以"提包业"为典型特征的流动经销时期。"提包客"属流动小贩，但他们与批发商（多属小商）联系密切，很多"提包客"本人做大以后也会成为批发商（理论上也可以兼做"提包客"和批

---

　　① 理论上，"店"的经营是在内柜台上，且是封闭式的；"铺"是半封闭式的，在店的门口会有一个小摊。一般来说，广东籍华侨华人多喜欢称"铺"；非广东籍华侨华人多喜欢称"店"。但多数华侨华人对两者不作细分，店铺混用。

发商）。这种情况一直到新移民时代还在延续。下面且对传统华人时代小商贩的情况，分两个时期作一简要梳理。

一、巴西华人小商贩的起源

华人小商贩是构成华商的主体，在整个华侨职业结构中占据十分重要的地位。在华侨华人史上，小商贩人数之多，分布之广，作用之大，是别的行业所难以企及的。华侨以善于经商著称。在拉丁美洲的传统华人时代，善于经商，在很大程度上就意味着善于做小商贩。早年华侨在商业领域只能成为小商贩，经营大商业是后来的事情。

记载表明，自由华工是巴西华人小商贩的最早来源。一般来说，早年从中国前来巴西种茶的华侨多属自由劳工。有迹象表明，他们在雇用期满后，一般留在当地自寻工作。同时也有证据表明，一些茶农因为当地种茶业衰退，也离开茶园自寻职业。例如，德国著名植物学家施皮斯和马蒂乌斯于1817年12月10日参观了圣克鲁斯庄园中国茶园，后来在其所著的《1817—1818巴西之行》一书中说，他们在茶园看到只有少部分华人中国茶农住在那儿，大部分人进城当流动商贩，卖棉织品、中国烟火等"中国小商品"。[①] 显然，他们属于销售"百货业"的小商贩。应注意的是，1817年，离第一拨华侨华人茶农抵达巴西还没有几年。可见最早来到巴西的华侨在落地之

---

① 陈太荣、刘正勤：《19世纪中国人移民巴西史》，北京：中国华侨出版社，2017年，第106页。

初，就已开始悄悄转身改行。也可以相信，这些人多半在家乡时就已有一定的从事流动商贩的实践与经验。再如，里约热内卢植物园的种茶业一直至 19 世纪 50 年代中期，由于当时出口受挫后而中断。根据里约植物园园长坎迪多·巴普蒂斯塔·德奥利维拉 1853 年的报告，园中巴西与非洲奴隶与自由民共 67 人。虽然这里没有提到华人，但从别的地方可知，这个植物园曾经有大批从中国雇来种茶的华侨，只是因为种茶没有出路而各奔前程。他们出去何干？虽然没有说，但经商的可能性最大。到 1857 年 1 月（这时候离第一批中国茶农来巴西已有近半个世纪的历史），植物园还雇用了 16 个刚到巴西的华人劳工，他们因为这时候茶叶没有国际市场，也由于经费问题，植物园里的这些华人茶农便纷纷散去，一部分人进城当小贩，仅有一小部分人仍留在植物园维持茶园，管理残存的茶树与香料作物。[①] 概而言之，早年的华人茶农是后来华人小商贩的直接来源之一，也可能是巴西历史上华人小商贩的最早来源。对于只有种茶技术而在其他方面别无所长的华侨来说，留在巴西做不需要什么技术的小商贩，是他们最好的出路。

拉美地区早期的华侨多是在契约期满后才转而经商的。"契约劳工"身份的结束，意味着他们同时也由"契约劳工"变成了"自由人"，即实现了其身份由不自主到自主的转变。在巴西，传统移民时代的各类中国"契约劳工"人数虽无法统计，但他们期满后不回国的人不少。"契约劳工"在契约期满

① 陈太荣、刘正勤：《19 世纪中国人移民巴西史》，北京：中国华侨出版社，2017 年，第 97 页。

之后，自然无力从事大一点的商业活动。而巴西的土地资源都集中在大庄园主或大种植园主手里，华侨华人无法依靠自己微薄的积蓄购买大片土地，且大土地制度下无法进行土地细分，亦无法进行分割交易。因此，他们只能从事低成本、低技术的小型商业活动。其次，小型商业不需要太多启动资金，资金周转速度也比较快，对于家无充足"余粮"的华侨来说，无疑是最佳的选择，有助于他们在获得人身自由后尽快建立的稳定生活。"契约劳工"经商的初衷，是赚一笔钱后再回家乡去，买田地，建房屋，娶老婆。实际上，到了清末，尤其是在东南沿海地区，资本主义经济已经萌芽，通过做买卖赚钱的观念深入人心，外出打工谋生现象更是比比皆是（包括离开家乡到外县打工）。大量来自中国东南沿海的中国人，早已具备了浓厚的商业意识和理念（特别是在小商贩领域）。在华侨出国最多的广东省三角洲地区（这里的华侨也最早来到巴西），由于地少人多，且经常发生自然灾害，农民生产出来的粮食往往不敷糊口，很多家庭的男性壮劳动力不得不外出打工，以补无米之炊，有的长年不在家。外出打工无形中助长了他们的勤劳勇敢，也培育了他们的商业头脑。及至到了异国他乡，不用培训便可无师自通，成为小商贩。巴西劳工们在契约期满后留下来经商的积极性，丝毫不下于其他拉美国家的同一职业华人。

在巴西经商，有一个优胜于很多国家的有利条件是，巴西地域辽阔却普遍落后，商业空档多，当地政府对华侨华人营商的限制较少。当然，巴西华侨华人营商能保持稳定性的一个十分重要的原因，是经商一业非当地民族所长，也非当地民族所

愿，华侨华人经商却是满足千家万户的日常生活需要。因此，华人小商贩的数量迅速增长。于是，在巴西跃入"龙门"、成为华商的人数就越来越多，华商在当地人口中所占的人口比例也不断提高。

二、作为早年华人小商贩守成之基的杂货店铺

（一）华人杂货店铺的出现与其"集群化"现象

杂货一般是指食品类商品，通俗地说，举凡果菜、肉类、副食品等等属于"吃"一类物品，皆在杂货之列。对于一个家庭来说，杂货是消费群体大而广、交易量多且繁的商品。对于销售者来说，本质上是靠薄利多销而小额赚钱的行业。经营者需要辛苦而小心谨慎地经营，一天工作十多个小时，甚至节假日无休，也需要经营者善待每一个客户，千方百计稳住客源，扩大客源。

巴西华侨的杂货经营早在华人茶农来到巴西的早期就已出现。上述离开巴西茶叶种植园的中国茶农后来有没有成为杂货店主，历史没有记载。但有一批转移到一个小镇去的原中国茶农，却成了有史可稽的巴西第一批杂货店（铺）主。19 世纪中叶巴纳纳尔镇一些中国移民的遗嘱和遗产清单等公证文件表明，有些人过着相对舒适的生活，有些人却生活贫困，只能在杂货店（铺）做员工。他们中的大多数是店主或小商贩。[①]

---

① Marco Aurélio dos Santos（马科·奥莱里奥·多斯·桑托斯）：*"Chinese immigrants in the coffee vale of Bananal in the 19th Century"*，参束长生：《2018 巴西华人移民研究国际研讨会议：地域特征和全球视角总结报告》，圣保罗大学，2018 年 8 月，第 22-23 页。

另外，有关早年华侨小商贩的资料多有记载。根据巴西历史学家若泽·罗伯特·莱特《中国人在巴西》一书，巴西里约热内卢国家档案馆保存的里约热内卢"外国人登记"资料中，1818—1841年共有54名华人侨民进出里约热内卢市或申办经商登记证等。其中，有25人申办经商登记证，包括4名华人妇女、1名华人儿童。1842年后无登记。[1]虽然今天已不大可能分辨这些申办经商登记证的华侨是不是华人茶农，但可以肯定的是，这个"外国人登记"档案中的中国侨民人数是不齐全的，不过从中却可了解华侨华人经商的一些情况。记载表明，华侨华人需要领取"经商许可证"才能营业。下表是1818—1841年进出里约热内卢领取经商许可证的中国侨民名单。里面记录了25名华商到里约热内卢领取"经商许可证"的时间，离开里约热内卢的时间，以及去向（里约以外的地方）。

1818—1841年进出里约热内卢领取经商许可证的中国侨民[2]

1. 伊格纳西奥（Ignacio），1825年4月9日领证。离开时间与去向不详。

2. 安东尼奥·弗朗西斯科（Antonio Francisco），1825年7月1日往里约热内卢州雷森德，1825年7月4日领证，1826年6月9日往米纳斯吉拉斯州。

3. 安东尼奥·若阿金（Antonio Joaquim），1825年2月18

① 陈太荣、刘正勤：《19世纪中国人移民巴西史》，北京：中国华侨出版社，2017年，第12页。

② 笔者注：表中所有人都是华侨，但均用葡文名，无中文名。在清代，赴巴华侨在巴西国内基本上均使用葡文名，可查询到原中文名的华侨极少。

日与同年 3 月 10 日领证（两次）。离开时间与去向不详。

4. 若昂·费利什·德阿劳若（Joao Felix de Araujo），1825 年 3 月 18 日、同年 8 月 27 日与 1826 年 4 月 26 日领证（三次）。1828 年 5 月 10 日往里约热内卢州雷森德。

5. 安东尼奥·科埃略（Antonio Coelho），1825 年 3 月 15 日领证。离开时间与去向不详。

6. 若泽·安东尼奥·达科斯塔（Jose Antonio da Costa），1825 年 4 月 13 日领证。1827 年 1 月 15 日往里约热内卢州海岛格兰德岛和帕拉蒂。

7. 若泽·安东尼奥·达库尼亚（Jose Antonio da Cunha），1826 年 3 月 16 日领证。离开时间与去向不详。

8. 雅辛托·埃斯皮里托·桑托（Jacinto Espirito Santo），1825 年 3 月 3 日领证。离开时间与去向不详。

9. 弗洛伦西奥·安东尼奥．费若（Florencio Antonio Feijo），1825 年 6 月 25 日与 1826 年 4 月 8 日领证（两次）。离开时间与去向不详。

10. 若昂·米格尔·费雷拉（Joao Miguel Ferreira），1825 年 2 月 10 日领证，1826 年 5 月 11 日往里约热内卢州雷森德。

11. 若泽·费利佩·费雷拉（Jose Felipe Ferreira），1825 年 3 月 15 日领证，1827 年 2 月 15 日往里约热内卢州马卡埃。

12. 安东尼奥·贡萨尔维斯·达弗朗萨（Antonio Goncalves da Franca），1825 年 3 月 15 日领证，1827 年 2 月 15 日往里约热内卢州马卡埃。

13. 安东尼奥·贡萨尔维斯（Antonio Goncalves），1826 年 3 月 15 日领证，1828 年 1 月 18 日与 1829 年 2 月 25 日往里约热内卢州雷森德。

14. 若昂·弗朗西斯科（Joao Francisco），1825 年 3 月 18 日与 1826 年 4 月 7 日领证（两次）。离开时间与去向不详。

15. 若昂·米格尔（Joao Miguel），1825 年 3 月 15 日领证。离开时间与去向不详。

16. 若阿金·若泽（Joaquim Jose），1825 年 3 月 5 日领证。离开时间与去向不详。

17. 若泽·马里阿诺（Jose Mariano），1825 年 3 月 5 日领证。离开时间与去向不详。

18. 马诺埃尔·弗朗西斯科（Manoel Francisco），1824 年 4 月 8 日与 1825 年 3 月 10 日、3 月 18 日与 4 月 11 日领证（四次）。1828 年 2 月 1 日与 1830 年 7 月 14 日往里约热内卢州雷森德。

19. 马里阿诺（Mariano），1826 年 4 月 8 日领证往里约热内卢州雷森德。

20. 若泽·贝尔南德斯·蒙泰罗（Jose Bernandes Monteiro），1825 年 3 月 23 日与同年 7 月 4 日领证（两次）。离开时间与去向不详。

21. 若昂·佩雷拉（Joao Pereira），1825 年 3 月 10 日与 1826 年 2 月 18 日领证（两次）。1829 年 2 月 20 日往里约热内卢州雷森德。

22. 若昂·席尔瓦（Joao Silva）。1825 年 3 月 18 日领证。离开时间与去向不详。

23. 若昂·弗朗西斯科·达席尔瓦（Manoel Francisco da Silva），1825 年 3 月 18 日领证。1826 年 3 月 16 日往里约热内卢州雷森德。

24. 路易斯·若泽·达席尔瓦（Luiz Jose da Silva），1826 年 3 月 16 日领证。离开时间与去向不详。

25. 若泽·费利佩·佩雷拉（Jose Felipe Pereira），生意人（Negociante），1829 年 9 月 14 日由里约热内卢州马卡埃进入里约热内卢市。①

里约热内卢是当时巴西的首都，是当时巴西最繁华的城

① 陈太荣、刘正勤：《19 世纪中国人移民巴西史》，北京：中国华侨出版社，2017 年，第 13-14 页。

市，也是商业最发达的地方。华侨都看好这里的商机，也愿意到这里经商。上表出现的华侨，大部分可能是第一次来领取"经商许可证"的。有趣的是，有人不只领取一次，而是领取了两次甚至三次，原因不确，可以猜测是所需证件不足，或可能是补办证件所必需的程序。值得注意的倒是，大部分领取了"经商许可证"的人，都没有马上离开里约热内卢。这可表明领取"经商许可证"本身是独立的，只是营商者应完成的程序，领证人或许不一定要拥有自己的店铺或注册资金才可以办证。而他们领证后所以在首都逗留了一段时间，大多是在这座全国最繁荣的城市中寻找商机，在找到某个职业并经营了一段时间后，因为生意无起色或者在外埠又找到了更好的机会，才离开里约热内卢。很多华侨在离开首都后到了本州一个叫雷森德（Rezende）的地方，从一个角度表明了华商有喜欢"扎堆"的特点。他们在一个地方尽可能相约集结居住，目的是彼此帮扶，守望相助，互相信赖。里约热内卢作为巴西首都，营商者领取"经商许可证"的流程也是比较规范的。

表中没有说明华侨领取"经商许可证"后可以经营什么行业。不过笔者相信集中在杂货和餐饮这两个华侨都喜欢经营的行业。如上所述，如果经营杂货店（铺），则多是经营食品零售，是华侨华人谋生的一大支柱行业。作为那个时代的主要职业，杂货店（铺）一直支撑着传统华人在异国他乡的艰难人生历程。相对于同样作为华侨华人主要职业的餐饮业来说，杂货业的经营范围更广，举凡人们衣食住行所需的日用必需品，都属杂货店（铺）的营销范围。不过，那时候的杂货店（铺）商品不大可能仅包含食品类商品。除了作为主体的食品类商品外，还可能包括其他农产品、手工艺产品、资源和材料原产品或半成品、土特产品，等等。顺便说明，后面这些产品也就是"提包业"的销售商品。

巴西历史上的华人杂货店（铺）似乎很难做到家庭或家族式经营，原因是他们初时多是只身赴巴，一般都把妻子留在家里照顾父母公婆和一家老小，他自己漂洋过海赚钱去，原打算赚得差不多的积蓄便打道回府，开始时并没有在海外长期驻扎的打算。不过也有一些华侨华人在居留地娶当地女子为妻，目的是帮助人生地不熟的自己打开商业局面，是一种十分现实主义的利益考量。可以想象，那些在当地另娶（或"临时"娶）一位"土著"姑娘为妻，而后共同经营的杂货店，都实行家庭或家族式经营。他们经营的杂货铺一般应是规模比较大，且是来到居住地时间较长的华侨。

早年城市里开小商铺的华侨与流动小贩是并存的，彼此在货物销售方面可以互补，在街头经常可以看到他们的身影。里约热内卢市原是巴西的首都，1888 年就有 500 名中国人，主要居住在原城堡山（Morro do Castelo，今市中心）的 Misericórdia 街与 Fresca 街一带的被称为铁匠胡同（Beco dos Ferreiros）的地区。1900 年前后，在里约热内卢市中心的中国人集中地，华人开设"天津""宁波""上海"等几家鸦片烟馆，残害自己同胞。铁匠胡同 15 号也有一家中国人开的烟馆，老板叫阿丰索（Afonso），1874 年才来巴西，其时

已 70 岁。他称他的烟馆有好几个厅，里面始终挤满人。[①] 这些华侨开的烟馆，应是杂货商业的畸形发展，无论是对侨胞的身心健康，还是对大多数人艰难的"原始积累"，都起了消极的作用。鸦片战争后，神州大地吸食鸦片成风，烟馆充斥市井。一些人出国前，本来就有吸食鸦片之习，及至到了国外，仍恶习不改。当然，所以如此，有在异国他乡孤独难耐、寂寞无助的因素使然。但一些专营烟馆生意的人，把这种"业务"带到国外发横财，就不是民族正气所提倡的了。

（二）杂货店集群：早期华人小商的 2.0 版

如果华人杂货店集中在一个小镇里，则五花八门的华人杂货店，常常会成为该小镇的一道风景线。当年的传统华人杂货店（铺）主，往往喜欢寻找一个人口和市场达到一定规模的小镇，进行有分工有合作的小商品经销。他们同处一镇，可以各安己业，守望相助，互相帮扶，这里故称为"华人杂货业集群"。

今天华侨华人史工作者还没有对这类型小镇的华人杂货店历史进行系统的发掘。下面且以当年的巴纳纳尔镇为例，对"华人杂货业集群"现象进行一个粗略的梳理。陈太荣和刘正勤整理过当年巴纳纳尔的一批华商清单，虽然不可能无遗漏，但从中仍可窥见这个小镇存在的"华人杂货店集群"之一斑。下面是巴纳纳尔镇一批杂货店店主的名单。当然，他们可能不

---

① 陈太荣、刘正勤：《19 世纪中国人移民巴西史》，北京：中国华侨出版社，2017 年，第 142 页。

存在于同一个时间段，但考虑到巴纳尔华人杂货店存在的长期性，且代代有继承，因此同一个时间段里存在着一批经营不同日用小商品的华人杂货店的现象是肯定的。

——中国·科罗约（O. China Coloiô）是巴纳纳尔一家著名客栈的老板，后在客栈原址处建成"马兰瓜配旅馆"（Hotel Maranguape，已拆毁），位于今"慈善圣人之家"（Santa Casa）对面、好耶稣大街（Avenida Bom Jesus）与奥斯卡·若泽·德阿尔梅达部长大街（Rua Ministro Oscar José de Almeida）拐角处。

——中国·卡欣博（O. China Cachimbo）：向城里和各大庄园销售面包，家喻户晓，非常受人尊重。虽单身，但有后。

——若泽·佩德罗·达席尔瓦（José Pedro da Silva）在巴纳纳尔商业街（Rua do Comércio，1878 年易名为 Rua do Comendador Manoel Aguiar Valim）17 号开鱼肉店。

——若泽·安东尼奥·皮雷斯（José Antônio Pires）：在巴纳纳尔商业街 33 号开杂货店。

——若泽·洛伦索（José Lourenço）在巴纳纳尔商业街 2 号开鱼肉店。

——若昂·安东尼奥·达席尔瓦（João Antõnio da Silva）在巴纳纳尔商业街开鱼肉店。

——若昂·若泽·马沙多（João José Machado）在巴纳纳尔商业街 16 号开鱼肉店。

——若昂·达马塞诺（João Damasceno）在巴纳纳尔商业街开鱼肉店。

——安东尼奥·达席尔瓦（António da Silva）在巴纳纳尔商业街 18 号开鱼肉店。

——若泽·弗朗西斯科（José Francisco）在巴纳纳尔念珠街

（Rua do Rosário）20 号开鱼肉店。

——若泽·若阿金·费里西奥（José Joaquim Felício）在巴纳纳尔商业街做土特产生意。

——曼诺埃尔·安东尼奥·达席尔瓦（Manoel António da Silva）：在巴纳纳尔商业街 22 号做土特产生意。

——曼诺埃尔·若泽·达席尔瓦（Manoel José da Silva）：在巴纳纳尔念珠街 21 号开鱼肉店。

——曼诺埃尔·伊纳西奥（Manoel Inacio）：在巴纳纳尔商业街 25 号开肉店、做土特产生意。[①]

从上面所列的巴纳纳尔华侨店（铺）清单可以看出，从茶农转型而来的华侨所开的多数是杂货店（铺）。只有其中的"土特产"一项，不排除属于日用小商品，但仍应是食品类商品的可能性较大。另外，巴纳纳尔无疑已经形成了一个华侨经营的"杂货业集群"。这里所说的"杂货业集群"，首要条件是杂货店应有一定的数量，其次是各自之间应有合理的地域分布，但更重要的是，一个居民区内形成销售不同商品的分工明晰的布局，或曰，形成杂货店集群内部的行业分工。当然，行业分工是自然形成的，不需要谁来指派。自然形成的过程主要发生在布局阶段。只有当所有小商品种类在一个地域内基本上都有主销的杂货店时，才可能因为有新店主来主销同类商品，从而形成行业竞争。但这种情况在巴西的小镇不大会发生，同胞之间不会玩这样的竞争游戏。如果一个地方已有同胞在经营

① 陈太荣、刘正勤：《19 世纪中国人移民巴西史》，北京：中国华侨出版社，2017 年，第 172 页。

了，那么后来者会另找地方开店，一般不会挖人"墙角"、抢人生意。由于一个居民区总会形成对各种各样日用小商品的需求，所以这个居民区总会出现相应的系列杂货店。这样，就会形成一个"杂货店集群"。当然，每个杂货店都会逐渐形成对外界货源地相对固定的依赖。除了巴纳纳尔可以看作具有"华人杂货业集群"的基本特征外，目前还不清楚巴西华侨华人史上还有哪些类似的小镇。上面提到很多华侨在里约热内卢办理了"经商许可证"后所去的本州一个叫雷森德（Rezende）的地方，应也是一个华侨集中经商的小城市，可能是另一个"华人杂货业集群"小镇。

但是，当时的华人杂货店（铺）主不大可能形成对巴纳纳尔小镇日用小商品销售的"全覆盖"，因为"全覆盖"意味着华人对当地杂货业的"全垄断"。由于一些商品的货源不一定是华侨可以轻易得到的，因此总有一些小商品品类需要由当地人经营。当然，由于华侨吃苦耐劳，加上经营上的灵活性，不排除一些华人杂货店会"优胜"于原由当地人经营的杂货店。

不过就巴西小城镇的华人杂货业来说，巴纳纳尔可能是个特例。原因是巴纳纳尔的华人杂货店主，都是同时从圣保罗来的同一批茶农，只是因为到了巴纳纳尔后没茶可种或不愿意种咖啡，才先后跑到小镇里开起了杂货店。他们作为同一批茶农，几乎不分前后地到了同一个小镇里，一下子占据了多个杂货的一些细分行业。假如这些茶农当初不是一起涌到一个小镇经营杂货店，而是陆续到达，分散开店，前后时间拖得很长，那么巴纳纳尔还会不会成为这样一个"华人杂货店集群"小

镇？进而推测，在传统华人时代，还有哪些巴西小镇曾经复制过华人一起前去经营杂货店的情景？对这个问题，还有赖于继续深入发掘。

由于巴纳纳尔小镇里的华人杂货店（铺）数量较多，华侨店主们各安本业，多半会抱团取暖。但杂货店（铺）数量毕竟尚少，商业发展总体上还较落后，故估计不会形成行业商会一类组织（纵观巴西传统华人时代，还没发现商会一类组织）。杂货店集群往往会跟华侨的乡帮或地缘因素联系在一起，如果这个地方有华人社团的话。商贩们彼此互相合作，和平共处，也与当地民族维持着和谐的关系。

在大部分拉美国家，杂货业和百货业是老一辈华侨赖以安身立命之本，往往都是私人资本起家，故而无外在压力，多半可以较快地发展起来。外在压力是一个广义的概念，但不外乎是华侨居住国政府的政策以及社会治安的影响。政府政策往往对一国产业的发展产生导向作用。居住国社会治安的影响，还包括比治安不靖更严重的社会动乱。果有动乱发生的话，最先受到冲击的无疑是商业。过去华侨主要是从事商业经营，故而其行业所受影响应是首当其冲。如果治安长久不靖，转行就可能是华侨的最佳选择。

事实上，华人小商贩一旦进入这一行，正常状态下一般不会轻易转行，多会一路前行，发展壮大，然后坚守地盘，稳扎稳打，步步为营。这便是以"守成"营商的基本策略。守成的基础，一般要建立在稳定的、有一定规模的店铺并已在当地占有相当市场份额的基础上。一旦有了守成的本钱，他们通常会紧守看似风生水起的这一行。因为在这一行干久了，一者感觉着实不容易，不能轻易言弃；二者因为频年栉风沐雨，已熟悉了这一行的"家传技艺"；三者在一方地盘，已初步立足，有了自己的品牌和信誉。这些无疑都是无形资产，继续走下去，便有望发扬光大。江山是拼出来的，在别的行业，常常是"江山代有才人出，各领风骚三五年"。一般来说，在小商贩群体中脱颖而出十分困难，鹤立鸡群者寥若晨星，家大业大者则绝无仅有。所以在商界，守成不易，如同逆水行舟不进则退。所以，这一行的为商规矩是"占山为王"，成为一方诸侯，宁为鸡首，不为牛尾。地盘占稳了，这一方世界即使暗淡了，至少在一段时期内，此"王"仍然非你莫属。有了"王"之号，有朝一日卷土重来便有指望。

华人小商贩一般情况下之所以不愿意转行，还因为转行意味着重新出发，成本很大。不过有一种情况是促使华人小商贩非转行不可的，这就是"资本原始积累"的完成使当事人处于"商业亢奋"状态。这时候他们已经积蓄到足够的资本，但不能老让资本处于"休眠"中。于是，他们会为资本苦寻出路，在原有行业的基础上，将目光投向另一个行业（一般是他们熟悉的相近行业），转向对这个行业的投资，或者实行多种经营，把事业扩大到相关的延伸领域。

在"华人杂货业集群"中，小镇里的华人小商业多半会在"各按本分"状态下巩固其守成性，"华人杂货业集群"也作为当地超稳定社会经济结构的一个子系统存在。那个时候，一个华人小商贩如果真要转行，除非自己经营的那一行已属"夕阳

产业"，没有发展前景；要不就是运气不好，濒临破产，资不抵债。

就巴西华人职业而言，经过长期的发展，20 世纪 60 — 70 年代后，巴西华侨华人社会发生量与质的变化，经营的事业范围很广，农工商各业皆有。就小商品领域来说，华侨华人经营的大小店铺已数千家，包括杂货店（含百货类商品）、礼品店、五金店、花店、珠宝店和中西药店等。此外，还出现了多家大型超市。及至今日，华侨华人的经济结构中，商业仍然一家独大。包括巴西在内，今天在大部分拉美国家，华侨华人还是以经商为主。这种情况，以巴西的圣保罗市的华人商家主要集中的廿五街最为典型。在这条街上，开设的华人商店数以百家，形成了一条没有唐人街称号的"准唐人街"。当然，这是新移民时代才出现的景象。但在传统移民时代，大多数华侨华人基本上是坚守原先开创的那个行业。

三、"提包业"时代的"提包客"

（一）业者何为，客自何来

华侨在巴西居住地打工，一般要等到有了一定积蓄后，才能开店铺。这些人中，有不少是从事"提包业"的"提包客"。传统华人中，有了一定积蓄再开店铺的占大多数，但也有人在来巴西之前就有一定的积蓄，或者来到巴西之后经营别的行业有了一定积蓄后开店铺的。但从现有材料来看，在巴西的重要城市，以"提包业"为代表的流动摊贩众多，上门销售发达，肯定在很大程度上冲淡了固定摊贩（含店铺）的存在价值。

"提包业"是一个具有巴西特色的一个华侨职业。一般认为，"提包业"始自1910年前后，从欧洲转入巴西的第一批青田华侨上街叫卖珠链。所谓"提包业"，是华侨从业者的一种形象的说法，指背着一个至数个提包，里面装满小商品，穿街过巷，上门兜售。从职业上说，从事"提包业"者（俗称"提包客"）属于流动商贩。流动商贩的货源一般都来自华侨经营的店铺。不过"提包业"所兜售的是何许小商品，还值得详细探讨。从一开始，"提包业"小商品就是日用小商品，即后来被归类为百货业的小商品，但不排除有一小部分为半成品类的食品（即商品分类上的杂货）。至于后来的"提包业"小商品，特别是青田华侨和台湾移民所销售的小商品，则基本上是日用百货类小商品。因此，"提包业"小商品理论上应与百货类店铺相联系。但由于巴西的华人店铺多是杂货和百货两者兼营，故"提包业"小商品也与杂货店相联系。

虽然"提包业"与开店铺属于两个不同的行业，但两者密不可分。这可从两个方面理解。其一，一般来说，"提包业"者（"提包客"）是店铺主（小商）的前身。很多小商在成为店铺主之前，都经过一个长期作为"提包客"的"修炼"阶段。其二，从两者的业务关系来说，更是鱼水难分。"提包客"通常要向店铺主批发到各色小商品，才能提着大包小包上门零售。而店铺主离不开依赖"提包客"，要不，店铺里的存货就不能及时批发出去，造成积压。传统华人时代的店铺主多是租房经

营，为了省钱，所租房间能小就小，有的店铺主甚至没有专门的仓储间，来货随处堆挤。

从商业层面来说，"提包业"发展的过程，也就是华人小商品零售业对一片地区（包括城镇和农村）逐步实现全覆盖的过程。虽然"提包业"本身存在着激烈的竞争，但经过一定时间的行业磨合，"提包业"从业者之间会形成相对固定的区域分工，或曰形成一个个"提包业"分销网络。例如，某一个地缘来源的华侨华人经销某一片城镇或乡村，另一个地缘来源的华侨华人经销另一片城镇和乡村，等等。形成相对固定的行业区域的目的，是为了满足所有侨胞维持本行业有序、稳定运转的愿望，也有利于不同来源地的同胞的团结和互助合作。毕竟，无序紊乱的竞争对本行业每个人都没有好处。

巴西历史上的华人"提包客"来源大抵有以下几类。首先是最早的"提包客"，指的是19世纪初特别是19世纪中期大规模到达巴西的中国苦力。"提包业"，是他们熬过了卖身契上的工作合约（通常为8年）获得自由身后所从事的第一种职业。不难想象，这一部分"提包客"不管年龄大小，肯定只是一代人。等到他们一个个年老退出后，或是中途因别的事情退出后，由"契约华工"转换身份而来的一代"提包客"便成为历史。即使"契约华工"的后代们仍然有人愿意继承父业，他们已经一开始就具有真正自由移民身份的"提包客"，跟父辈们全然不同。只是因为在不同时期都有"契约华工"来自中国，所以由"契约华工"转换身份而来的第一代"提包客"才不绝如缕。其次是从中国移民巴西的华侨华人，每个时期都有。早年的"提包客"多半是浙江温州人和青田人，多少年后一些刚从台湾来的侨民加入了"提包客"行列。他们来到巴西后，便直接从事"提包客"职业。最后是从第三国移民巴西的华侨华人，大抵也跟中国来的华侨华人一样。不同的是从第三国来的这部分人一般要比前两部分人稍为富有。

说到底，不管是哪一类人，之所以在来到巴西之初愿意从事本小利薄的"提包业"，是因为"提包客"门槛低，谁都会做，不仅他本人会做，他家里的其他人也都会做。特别是妇女和小孩，如果做"提包客"，还会因为其弱者身份而得到主顾信任与怜悯，有利于货物销售。所以，"提包业"这种糊口方式在巴西华侨华人社会中十分风行。后来不少巴西老华侨谈起早年的打工生涯时，都会情不自禁地谈到自己或长辈的"提包客"经历。

如果将来自中国大陆的"提包客"与来自台湾的"提包客"相比，则前者参与这一行业的积极性似更高一些。他们多来自1949年以前的中国大陆，来巴西前社会地位较低。很多人在到巴西之初，对自己从"提包客"做起并无怨言；后者多来自20世纪50—80年代，在来巴西之前多数有比较高的社会地位，如政府文员、律师、教师、会计师、医生等，来到巴西后，由于一下子找不到工作，才不得已加入"提包客"的行列。他们所以愿意从事"提包业"，只是因为刚移民巴西，暂时找不到合适的职业，又要维持生计，因而权且以"提包业"作为过渡，等待时机。一旦找到了满意的工作，便会弃"包"而去。不过，不排除他们之中，也会有少量一辈子从事"提包

业"者。

在华侨来到巴西后很长一段时期，巴西属农业社会，商品化程度低。在这些地方，以小商品生产占优势，产品基本上是劳动高度密集型手工业品和当地农产品，且生产与消费均很分散。这时，"提包客"的出现，便适应了地方市场商品流转的客观需求。与此同时，巴西华侨华人也经历了需要大量日用小商品进口的时代。这些小商品中的很大一部分来自改革开放后的中国。所以，新移民"提包客"所销售的小商品，很大一部分就来自中国。他们往往与华侨华人中从事进口行业的商人联合经营，后者管海上进货，前者管陆上批发销售，此是后话。

（二）"提包客"的存在价值、生存空间与经营技巧

可以设想，华侨开始销售小商品时，应是定点销售，即通过坐商方式进行销售（这种定点方式是充分自由的，但与接受政府管理的固定摊贩有别）。后来，一些类型的小商品供不应求，且很多地方居民分散，便逐渐以上门销售代替"守株待兔"式的定点销售。这样可以找到更多顾客，推销更多商品，建立更稳定的小商业网。于是，很多华侨使用提包装着各种各样当地人需要的小商品上门销售，乃至提着包裹沿街沿村、逐家逐户登（敲）门推销。当然，华侨这样做，还基于对他们与当地民族关系有充分的信心。他们对当地人的一般评价是，巴西人普遍热心肠、包容性强，但懒散贪玩，很少加班。这是巴西人的禀赋与生活习惯，无关好坏。不过对中国人来说，则有

助于他们从事"提包业"并取得成功。于是,"提包客"便应运而生,加入者众。"提包客"依靠自己两条腿,拎着装满各种杂货的提包,跑遍所住城市的街巷和穷乡僻壤,同时,在长期的提包生涯中,建立和拓展了自己的商业网络。不消说,每个在巴西的华侨华人,都有一部艰苦的奋斗史。他们初来时语言不通,只能在叫卖的同时学说葡萄牙语,边学边用;他们往往清晨出门,深夜归家,几乎没有休息时间。一入屋门,草草洗刷后便睡,次日一早又要清晨出门。如此循环往复,周而复始。非常艰苦,连当地人都十分感佩。

不难明白,巴西华人"提包业"之所以兴盛,主要在"提包业"有诸多便民之处:一是送货上门,省了顾客举足之劳,尤其受那些居住在偏远地区的人欢迎;二是日常用品,价钱便宜。提包里所装的,无非是一些百姓日常所需物品,例如服装玩具、文具礼品、化妆用品等;三是便于挑拣和讨价还价;四是可以分期付款(这当然要建立在良好的信用基础上),满足了偏远地区贫困人口的需求。因此,"提包业"颇受人们欢迎。尤其是那些家务繁重、无暇上街采购的家庭主妇和行动不便的老者,更是求之不得,一日也离不开"提包客"。当然,这里也别忘记夸赞一下巴西顾客。巴西的家庭妇女包括上层家庭主妇,绝大多数很善良,富有同情心,对讲礼貌的中国人特别有好感。她们很乐意接待华人"提包客"。诚然,"提包客"也懂得投桃报李,以诚待诚。实际上很多华人"提包客"是这样做的。他们不仅收获了财富,也收获了友谊,有的还与顾主成了莫逆之交。这样的销售场面使人有喜气洋洋之感,但肯定

并非一开始就如此，必然有一个从不了解到了解，从陌生到熟悉，从怀疑到信任的磨合过程。磨合过程也是顾客对华人"提包客"的好感互相传递和扩散的过程。不过华人"提包客"也不能掉以轻心。据说"提包客"最怕遇到"老飞"（即查税的政府工作人员），一旦被"老飞"查出没有营业执照，或者货物来源不明，便难免成为其敲诈的对象。严重者，人被关押，货品被没收，却投诉无门。

华人"提包客"所销售的多是当地居民所需要的日用小商品。居民需要什么，他们的提包里就装什么。每个"提包客"的提包里所装的货物大同小异，彼此之间没有严格的商品销售范围划分。反正各种各样的家庭用品全都装在提包内，提在手上或背在肩上。但是，如何能够进入大厦的住家中去，往往是"提包客"的第一道难关。道理再简单不过，只有进了客户的家，才能打得开提包，亮出商品，谈得上交易。在门禁森严的大厦"司阍"面前，外来人是很难登堂入室的。但在"提包客"时代，住宅人家一般有"提包客"的概念，对背着大包小包的中国人，一般会开门迎客，如果他/她要购买东西的话。"提包客"来到居民住宅区，伸手按响门铃后（一般首选富人区或可能的富豪人家，全凭眼力），屋主应声而出。"提包客"即开门见山，说有货要卖，如果屋主迎入客厅，就要争分夺秒，眨眼工夫，把客厅变成商场，把地面当货栈，闪电般把所带货物铺陈开来，琳琅满目，眼花缭乱（但手脚不能乱），任君挑选。屋主选毕，讨价还价，成交付款。一旦交易结束，即三下五除二，飞快地将没脱手的货物塞回提包，把现场收拾干净，不遗一物，然后告谢退出，再寻另一家。如此这般循环往复。显而易见，任何"提包客"都不能把时间浪费在一个地方一个家庭里，摆货、收货均兵贵神速，分秒必争。假若一地买卖不成，就得马上另觅新主顾。所以"提包客"往往像个职业军人，风风火火，干脆麻利。因此，作为"提包客"主要"交通工具"的两条腿能否给力，就特别重要。而且"提包客"在体质上也要能吃苦耐劳，坚韧不拔。据说他们在长期的"提包"生涯中练就了一种身手敏捷、日行百里的真功夫。细细想来也是，靠两腿跑遍城市的长街短巷、农村的穷乡僻壤，挨家挨户地央求住户开门，笑容可掬地摆开龙门阵，不厌其烦地说服人家买货，绝不是轻松的活儿。当然这只是对身强力壮、两腿健迈的"提包客"的身体素质要求，对无奈充当"提包客"的老弱病残者，就另当别论了。

此外，"提包客"要靠一张嘴。这张嘴不是用来"软磨硬泡"，而是用来推销货物，有时候少不得要"低声下气"，耐心介绍商品的好处，说到顾客动心。由于长时间做"说客"，"提包客"常常唇焦舌燥。但要生存下去，自然要靠出色的上门服务，靠良好的个人商誉，才能逐渐赢得人们的信任和好感。但在此过程中，"提包客"那张嘴并不是可有可无的。当然，有付出自有回报。在长期的提包生涯中，很多客户与"提包客"建立了深厚的友谊，成为固定的老客户，因而构筑起一个稳定的供需关系网。有的"提包客"能做到得心应手，常常可以在高级豪华公寓大大方方地进进出出，不会被人挡驾。当然，"提包客"的手提包一般要特别漂亮，衣衫光鲜。不过这

一般是对女性"提包客"而言；对男性"提包客"来说，就不必严格要求了。

由于"提包业"是个巴西华侨华人经营已久的行业，从业者众，于是在"提包客"中逐渐形成了教人如何做好提包生意的一套"提包经"。到了后来，创业者"上岗"前要上"提包课"。这一说法当然带有戏谑成分，但多少反映了"提包业"在华侨华人大众中的某种程度上的专业性。所谓"提包经"，并非什么高深学问，无非是教人如何按门铃，如何用一两句简单的葡语便可吸引顾客，如何去批发提包货品，如何去找买得起外国货的主顾，如何向有钱人推销，如何避免"老飞"，等等。[①]也有人说听"提包课"就如听"侦探小说"一样，可见"提包业"并非主客之间"一手交钱一手交货"的简单交易。不过这里所描述的"提包经"的出现时间，已经是在新移民时代。可以相信，在此之前的传统移民时代的相当长一段时期内，类似的"提包经"也同样存在。由于"提包客"众多，这一行业的竞争定必难免。但"提包客"之间的竞争不是在商品品种上，而是在同一类商品的价格上。为争取更多顾客，"提包客"必须千方百计采购到价廉物美的小商品，才能在同行中站稳脚跟。

（三）"提包客"的金蝉脱壳

当"提包客"觉得自己大抵已经完成了资本"原始积累"

---

① 邱罗思阁：《梦里不知身是客》，载〔巴西〕朱彭年编：《中国侨民在南美》，北京：文化艺术出版社，1990年，第2页。

的阶段后，下一步，通常是将"原始积累"得来的部分资金向某个行业投资。他们会等到积蓄了充足的资金才会放弃"提包业"，然后转换到能够快速致富的其他行业。这就是"提包客"的金蝉脱壳。

一般来说，到了20世纪40年代，当年华侨的孙辈们，已经摆脱了沿街叫卖的经营方式，开起了店铺（包括杂货店和百货店，下同）。在20世纪50年代"提包业"兴盛的年代，不少华侨店铺与"提包业"更是你离不开我，我离不开你，店铺就是"提包业"的批发店。后来成为圣保罗中华会馆元老的何冠英，1927年从香港乘日本轮船来到巴西，才18岁。先是在其堂兄的西餐馆打工，1935年与人合资开西式饭店。1950年"提包业"（时称卖台布）兴起，他在圣保罗市中心 LARGO DA PAISSANDU 开设第一家华人礼品店——中巴商店。其后，何氏兄弟相继开设 HOK YING & IRMAOS LIDA——新中华、北京等店，均在市中心商业区。到20世纪80年代初，他结束了原先的主店，但其余3家仍在营业。①

从20世纪六七十年代起，受教育的华裔后辈开始进入当地的中层社会，改变了中国人过去的小商贩形象。商业领域是华侨华人比较成功的发展领域。20世纪三四十年代移民巴西的老一代华侨华人，经过几十年的艰苦拼搏，在商业经营方面取得了显赫成就，积蓄了一定资金，也取得了丰富的管理经验。他们当初出国时从家乡带来的小孩已经长大，同时在巴西

55

① 《会馆唯一元老——何冠英》，载巴西美洲华报编印：《巴西华人耕耘录》，1998年，第24页。

出生的第二代（华裔）也已长大成人。他们开始接过父辈的班，成为商业领域的生力军。他们在父辈经营的领域脱颖而出，也对别的领域"虎视眈眈"。且由于他们在当地长大，见多识广，与当地民族关系良好，更具有知识、技能的优势，自身各有特长，因此，他们更善于审时度势，趋利避害，趋吉避凶，更善于选择较有发展前景的经营项目，以收事半功倍之效。20世纪60年代后，一些积累了一定资本（多通过"提包业"的渠道）的青田老华侨先后选址开店铺。1965年，仁庄人伍先昭率先在里约热内卢开起了第一家青田人的礼品店。因生意兴隆，翌年，季福仁开了第二家。随后，季礼仁、孙志凯、刘伯忠、裘克毅也先后开起了礼品店。①

20世纪六七十年代，巴西经济迅速发展，生活在巴西的华人企业家利用他们拥有的聪明才智，除了在商业领域继续发展外，还有越来越多的人选择在工商界的各个领域发展。他们勇探前路，积极经营，在很多行业如豆油厂、花生油厂、棉花厂、棉纱厂、面粉厂、食品加工厂、石油化工厂等行业，他们办的企业风生水起，蓬勃发展，并打进了本土企业行列，与之并驾齐驱。这些华人企业在巴西占有一定地位，对巴西的经济发展作出了自己的贡献，得到了巴西政府的重视。在这些华人企业家中，很多是1949年以后从中国大陆携资到巴西后发展起来的，但不排除也有一小部分是前期华侨在本地经营的店铺业发展的产物。

---

① 袁一平：《华人移民巴西二百周年简史》，载《华人移民巴西200周年纪念特刊》，南美侨报社编印，第4页。

有人在 20 世纪 80 年代末撰文认为，中国人的"提包业"在早 20 年前、30 年前是黄金时代（按推算应即 20 世纪 50 年代末到 60 年代末），从业者三五年间，便成巨富，洋房、汽车、农场，应有尽有，转业不乏其人。但亦有不少累经失败。当然，目前此业境况已不如往昔。① 这里所说的从业者三五年间便成巨富，应非人人可以如此，不过，即使是一部分人有此运气，也说明"提包业"真的有过令人刮目相看的时候。这个阶段的"提包客"所以能够致富，有"二战"带来了巨大经济阴影的特定历史背景。巴西工商业本不发达，商品多依赖进口，战争更使各国商品供不应求，特别是市场上家庭用品奇缺，连富裕人家也有缺口。从时间上看，20 世纪 50 年代末到 60 年代末应涵盖了青田人"提包业"的"黄金珠宝阶段"和"电器手表阶段"。毋庸置疑，"提包业"属小商品交易，正是在这种情况下，有各种货源的"提包客"送货上门，对于有各种刚性需求的巴西家庭来说，何乐而不为？可以相信，随着社会的发展，通过"提包业"所销售的主流小商品类别的变化，华侨华人"提包业"实现资本"原始积累"的速度也在加快。例如，早年"提包业"从业者心目中实现转换职业所需的"原始积累"时间为 10 年，那么后来的从业者可能只需要七八年，甚至五六年。当然，具体情况具体分析，但总体上来说，速度在加快是可以肯定的。

也有人认为，到 20 世纪 60 年代巴西工商业兴起以后，由

---

① 徐蜀源：《行行色色话提包》，载［巴西］朱彭年编：《中国侨民在南美》，北京：文化艺术出版社，1990 年，第 110 页。

于市场货品日增，"提包业"生意日渐式微，侨胞们大多转行开店，圣保罗市的礼品店、食品店都有中国商品可买。到 70 年代，"提包业"已不复存在。[①]这种说法值得商榷，60 年代巴西工商业兴起后侨胞们转行开店，并没有完全结束"提包业"，相反，它标志着"提包业"的转型，即进入了"固定店铺 + 提包"的时代。原先的"提包客"有了一定积蓄后开店，作为他自己的"提包业"进一步发展的基地。他成了老板，雇用新的"提包客"继续背着提包上门销售。

概言之，对于那些刚刚踏足巴西、囊中羞涩而又葡语欠佳的华侨华人来说，"提包业"不失为一条简捷可行的"原始积累"之道。只要凑上一笔钱，在银行开个账户，找个内行的过来人稍作指点，自己边学边干，便可领会要领，做得多了，便可成为师傅。当然，作为第一步，最好是到华人批发行庄，与主人通融，赊够一批易销的便宜货物，快速脱手，积得第一笔资金后，便可"特立独行"，走街串巷。很多初到巴西的华侨华人，就是通过本小利薄的"提包业"进行资本的"原始积累"，一步一个脚印，筚路蓝缕，艰难前行。很多从事"提包业"的华侨华人都经过艰苦的过程，甜酸苦辣涩各种滋味都尝遍。所以，很大程度上要看运气，也要靠自身的勤奋。一些人积累了一定的财富后，便转换职业（一般是投资于利润率更高的行业），走上致富的快车道。而新来的一代侨民，又接过他们的"提包"，同时接受他们的"提包经"，

58

---

① 《华侨提包业的时代》，载巴西美洲华报编印：《巴西华人耕耘录》，1998 年，第 381 页。

继承他们的"提包业"区域销售网，使这一极具巴西特色的行业薪火相传。

作者简介：高伟浓，暨南大学国际关系学院/华侨华人研究院教授，博士生导师，主要研究方向为华侨华人问题、国际关系和中外关系史。

实物、图像与历史："二战"前新加坡中华总商会的视觉建构 [①]

朱 庆

摘要：新加坡中华总商会遗留下大量的实物和图像资料，这些"遗迹"既可以形成直观印象和视觉想象，又能够补充会议记录、往来信函和报刊等文本资料，进而修正和深化相关研究，对新加坡中华总商会形成更客观更完整的认识。本文搜集商会建筑、匾额、印章、佩章等实物资料以及房间布置、会员合影、活动留念等图像资料，并结合商会会议记录、游记观感、报刊评论等文本材料，考察商会的日常空间、组织活动和社团文化，纠正此前学者和大众对商会的一些纯文本的、单向度的观感和认识。

关键词：新加坡中华总商会；匾额；印章；文化认同；政治倾向

60

---

① 本文系湖南师范大学"一带一路"研究院首批招标课题"海外华人商会参与'一带一路'建设的路径与模式研究"的研究成果。

近三十年来，中国商会史研究是近代史领域颇有成就的课题之一，商会史研究的发展有赖于数量极其庞大的商会档案的留存，学者在辛勤整理与研究商会档案的基础上，进行翔实的考证与理论分析，涌现出一大批学术成果。[①] 海外中华商会的档案资料则相对缺乏，因此少有翔实而深入的研究论著出现，研究难度较大。新加坡中华总商会尚有会议记录留存，成为海外中华商会研究的热点之一。另外，新加坡中华总商会至今仍然正常运作，"二战"前商会的建筑、匾额、印章、佩章等留存下来，这些则是国内商会史研究较少见到的材料。这些"遗迹"（traces）成为史学研究的重要资料，可以弥补传统文字史料的局限性。[②] 随着新文化史、新社会史等史学新流派的兴起，图像等材料受到史学工作者越来越多的重视，成为重要的史料。从 20 世纪 80 年代开始，图像开始大量出现在西方历史学的学术论文中，成为史学论文引用的重要史料。[③] 本文结合实物、相片和文本等不同类型的材料，深入考察商会的会所、匾额、楹联、印章、合影等各个方面，分析其历史渊源和文化内涵，进而探讨新加坡中华总商会的文化认同和政治倾向。

---

① 关于商会史研究发展历程的述评可参阅：朱英：《近代商会史研究的缘起、发展及其理论与方法运用》，《近代史研究》2017 年第 5 期；马敏、付海晏：《近 20 年来的中国商会史研究（1990-2009）》，《近代史研究》2010 年第 2 期；冯筱才：《中国商会史研究之回顾与反思》，《历史研究》2001 年第 5 期；徐鼎新：《中国商会研究综述》，《历史研究》1986 年第 6 期。

② Gustaaf J. Renier, History: Its Purpose and Method, London, 1950.

③ Peter Burke, *Eyewitnessing: The Use of Images as Historical Evidence*, London: Reaktion Books, 2001, p.12.

一、两种截然不同的商会印象

"二战"前，新加坡中华总商会是当地华人最重要的团体组织之一，备受社会各界的关注。人们也常对商会的会所建筑、空间布置、匾额楹联有所记叙和评价，尤其是出访新加坡的中国知识分子对其记载尤为细致，《申报》记者太玄（笔名）和考察南洋华侨教育的梁绍文的叙述最为翔实，吊诡的是两人对商会空间的印象和评价却截然相反。

1919年初，伍朝枢率使团赴法国参加巴黎和会，太玄是随团记者代表，代表团回程时途经新加坡，太玄在《申报》上连载个人旅途见闻，其中就有专论新加坡中华总商会的到访日记，摘录如下：

记者于二月十七下午六时抵星加坡，星埠为南洋华侨中心，不可不记……记者以该埠南洋华侨中学校长涂君九衢之约，在总商会中住一夜，因得见该埠华侨之毅力与团结力。该会成立已一二十余年，建筑极宏阔，凡议会厅、阅报室、藏书室、花园等，规模均极宏大，议事厅上尚有该埠历来各资本家像连绵约百人，正厅有大总统赐"群策匡时"匾额，外有杨士琦对联甚多。闻该埠华侨有重要事件皆于此决之，因平时极能指挥华侨也。①

1920年，梁绍文从汉口出发，经上海下南洋，考察海外华侨教育情形。梁绍文到访新加坡中华总商会后，则与太玄的

---

① 太玄：《游欧通信》（三），《申报》1919年3月19日，第1张第3版。

赞赏态度大相径庭，认为商会处处透出守旧的精神，对商会持失望和批判态度。兹将其见闻摘录如下：

到了门前，见一座中国式的大公馆模样，门楣上写着"新嘉坡华侨总商会"九个大字……门口放着一张小蔴绳织的竹柄平床，看门的印度人在上面盘脚坐着。入门是一个天井，种许多热带好看的花草。再入是一个大客厅，摆设中国的酸枝桌椅，案上堆满字条、簿册、报纸等等，颇呈纷乱的样子。过了客厅，两边走廊，中间一个四方的天井，天井当中放着一盆小假山，两廊挂的是团体的照片。走近一看，有一张照片，统通穿的袍褂缎靴，戴的翎顶纱帽，上写着"光绪二十年新加坡华侨商务总会开幕纪念"等字样，相架两傍还挂一副胡维贤写的对联。再入就是二进的客堂，陈设没有大客厅那样宏丽，却也清澈，对联字画，四屏都挂得很好看。内进就是饭厅和厨房了。还有议事厅在二楼，上去一看，议事的位子是用长桌分两边排的，约有一百个座位，墙上挂满了二十四寸的半身相片，这就是商会的会员了，内中有一幅张弼士的相，仿佛在中国也曾听过这个名字，于是再多看他几看。其余的大略望了一周。参观了各处一周后，我心里已经给他一个定评就是守旧。无论哪一种东西，大至一间房子，小至一张板凳，都足以表示他们守旧的精神。商会是商人最大而最有力的团体组织，他既然趋向守旧，那么我虽还未见着华侨的商人，但已断定他们是守旧的人物了。[①]

太玄和梁绍文由于对商会的认知不够全面，因此在参观时

① 梁绍文：《我所见的华侨总商会》，《南洋旅行漫记》，上海：中华书局，1924年，第21-22页。

受个人价值观和片面信息的影响，出现截然不同的两种观感。这也从另一个层面说明，历史实物及图像往往也会让人陷入某些可能存在的陷阱之中。全面的掌握文本、实物、图像等各类资料，并进行科学分析，才能接近客观的史实和得出中肯的评价。

二、商会的会所及布置

1905 年 12 月，新加坡华人开始筹设中华总商会，"创办伊始，暂借同济医院之议事厅为办公之所"。[①] 1906 年 3 月 16 日，在同济医院议事厅内选出商会的总理、协理和议员。[②] 4 月，商会租赁新加坡"四大厝"之一的"大夫第"作为会所，每月租银 150 元（货币为"叻币"，是马来西亚、新加坡与文莱在英国殖民地时期，由英殖民地政府所发行的货币）。[③] 随后，商会正式搬入新会所。新加坡"四大厝"是指潮州籍华人在新加坡兴建的具有中国建筑风格的四所大宅院，分别为陈成宝、余有进、黄亚佛和陈旭年的宅院。[④] 新加坡华人"富家巨室，皆高其闳阅，颜曰'中宪第''朝议第''大夫第'者甚

① "本坡华商第二次集议创设商会记"，《叻报》，1905 年 12 月 27 日。

② 《新加坡中华总商会议事簿》，1906 年 3 月 16 日，新加坡国家档案馆藏。

③ 《新加坡中华总商会议事簿》，1906 年 4 月 21 日、4 月 26 日。

④ Song Ong Siang, *One Hundred Years' History of the Chinese in Singapore*, London, 1923, p.335.

多，以皆膺有职衔故也"①。余有进、黄亚佛和陈旭年的宅院分别称为"中宪第""大夫第"和"资政第"。"大夫第"位于新加坡皇家山前街，适时由黄亚佛的长子黄金炎继承，但黄金炎并未在此居住，房屋处于空置状态，商会以每月150元将其租赁下，第二年房租涨至每月225元，商会以此为会所。② 清朝设置的新加坡领事馆也位于同一街道，租用的是陈成宝的宅院。③ 商会会员认为"赁屋而居，仍不足以垂久远"，因此积极募集建会捐款，希望购买或建筑会所。④ 1908年，"查源顺街邱姓铺业招人承买，该屋地势宽敞，于本会颇可合用，公议将建会捐款及所存公项，乘时建置，以固基础。"⑤ 商会以10.5万元购得此处的七座铺业。⑥ 商会拟将此铺业改建为会所，然而由于各店主租期未到，惟恐店主搬迁困难，因此转由商会收租，继续出租，而会所仍定于"大夫第"。⑦ 源顺街又称直落亚逸街，是新加坡早期华人聚集的重要街道，粤海清庙、天福宫、海唇福德祠、应和会馆等都坐落于此，距"大夫第"约1

---

① ［清］袁祖志：《瀛海采问纪实》，《走向世界丛书续编》，长沙：岳麓书社，2016年。

② 《新加坡中华总商会议事簿》，1907年6月16日。

③ Song Ong Siang, *One Hundred Years' History of the Chinese in Singapore*, London, 1923, p.335.

④ "创建新嘉坡中华商务总会募捐小引"，《叻报》，1907年5月28日。

⑤ 《新加坡中华总商会议事簿》，1908年3月8日。

⑥ 《新加坡中华总商会议事簿》，1908年3月15日。

⑦ 刘天凤：《商会元老杨缵文先生忆述中华商会沧桑史》，《新加坡中华总商会大厦落成纪念特刊》，新加坡：国际出版公司编印，1964年，第146页。

公里路程。1912年，商会以5.5万元买下"大夫第"，正式成为商会的产业。①

商会会所宏伟壮丽，铺业也位于繁盛街道，表面上给人一种十分富裕的感观。然而事实并非如此，"二战"前新加坡中华总商会的财务状况并不好，经常出现会费和募集的费用不敷支出的情况。商会用建会捐款和存积公项购买源顺街铺业时，尚有不敷约五六万元，由广益银行和四海通银行先行垫补，商会继续募捐以求陆续偿还，并付给银行一定利息。②商会购买"大夫第"时的不足资金也由四海通银行垫付，商会付给利息。③商会向四海通银行和广益银行的借款直至1919年尚未还清。④

商会会所临街为门楼，门楣挂"新嘉坡中华总商会"匾额。进入门楼以后是一片空地，种植了一些树木及花草。进去以后是主楼，主楼为两层房屋，略呈正方形，每层的四个角隅各有房屋一间，共计八间。一层面向大马路的前面两间为商会办事处，在此处理商会日常文件，商会平日工作的主要负责人是坐办，另外有值日的理事，每日上午9点到下午4点在办事处办公。二层前段大厅为商会议事厅，商会分别有春夏秋冬定期大会以及不定期的议事会议。其余的房间最初空置或用来贮

---

① 《新加坡中华总商会议事簿》，1912年2月3日。
② 《新加坡中华总商会议事簿》，1908年3月15日。
③ 《新加坡中华总商会议事簿》，1912年2月3日。
④ 《新加坡中华总商会议事簿》，1919年5月6日。

存物品。随着商会办事规模的扩大，商会贮物和空置的房屋也都被利用起来。商会聘用会丁两名以供差遣，当时新加坡政府机构常常聘请印度人充当门丁，新加坡中华总商会也聘用了一名印度人当门丁；另一名会丁负责派送文件，在商会召开会议前将会议时间和内容提要送交各位董事。为提供坐办、值日及来客餐食，聘用膳夫一名，设厨房和饭厅。两位会丁和膳夫常驻商会，并在商会内住宿。此外，常有中国来坡之官员、士绅、名流、商人等游客，他们经人介绍，可由商会接待并于短暂下榻商会住宿，备有常年空置客房一间。商会为帮助会员增加商业知识，设藏书室和阅报室，供会员查阅。为印刷商会各类文件，新加坡中华总商会从上海购置印刷设备，并设印务室，以处理印刷事务。20世纪20年代，新加坡中华总商会为推销国货，设国货陈列所，以展览国货。1961年，商会募集捐款重建会所，1964年会所重建工程竣工，旧楼被拆除，在原地基上建起十层大厦，用朱漆将大门粉刷一新，大门外摆放两座大石狮，并在大门两侧的墙壁上雕刻九龙壁，仍保留浓厚的中国传统建筑色彩。

商会的会所和建筑给太玄和梁绍文都留下深刻的印象，他们的记叙也基本和史实相符，如宏伟的建筑、房间的布置等。然而，商会会所的建筑是有其历史背景，乃是购置华人富商宅院而来，因而不能说因为其具有"中国式大公馆模样"而表明守旧的精神。但是，商会的房间布置则彰显出其仍保留着深厚的中华文化传统。

图片来源:《禧街 47 号》，新加坡中华总商会出版，2015 年。

三、商会的匾额、印章等实物

匾额是中国建筑的特色文化符号，常被誉为中国传统建筑之眼睛。新加坡中华总商会内挂有众多匾额，多数为中国政府颁赐。每一方匾额都承载着商会的历史，传递着商会的权力地位、精神文化、政治态度等诸多信息。

新加坡中华总商会自创建伊始便关怀祖籍国，捐助国内实业与财政，募款救济国内自然灾害，并且协助新加坡华人办理回华商照，与清政府相处融洽，故而清农工商部 1909 年特意颁给"急公好义"字幅，由商会自行刊刻为匾额。匾额造竣，商会开会讨论悬挂事宜，请董事张善庆诹定吉日悬挂，通知商会各会员到会，以志盛举。[①]"急公好义"是清政府对商会关心国内同胞的赞誉，也是商会会员心系祖籍国的体现。十分可惜的是该匾额如今已遗失，目前也并未发现留存的照片。

1915年1月6日，商会收到中华民国政府颁赐的"群策匡时"字幅。1月11日，会员集议将字幅照镶悬挂，并摹刻绿底金字木匾，于1月29日悬挂于议事厅。议事厅是会所内最显眼的位置之一，足见商会对该匾额的重视程度。匾额右边写着"大总统题给"，正中间上方处盖有"大总统印"。毋庸置疑，这位大总统便是袁世凯。商会董事以保皇派居多，并不热衷于孙中山的革命活动。辛亥革命后，南京临时政府成立，商会虽主办庆祝大会，但至袁世凯任正式大总统时，亦表热烈赞同，并认为袁世凯为正统，对于国家稳定、政权巩固极为重要。中华总商会对袁世凯政府期望颇高，对于政府财政及实业都热心赞助。对于二次革命等事件，中华总商会亦不热心，更倾向于袁世凯政府下中国的统一与安定。在此背景下，新加坡革命派另立新加坡华侨商会，其宗旨和行为更为革命，以声援孙中山政府，并希望提升在新加坡华人社群中的地位，以宣扬革命。新加坡中华总商会与新加坡华侨商会呈现对峙局面，在中国政府中各有支持者，在新加坡华人群体中亦寻求各自之支持者，两会并立数年。袁世凯任正式大总统后，令农工商部处理此事，致函新加坡领事取消新加坡华侨总商会，只承认新加坡中华总

华侨华人研究

华商研究

---

① 《新加坡中华总商会议事簿》，己酉年七月初十日。

商会。两会对峙以新加坡中华总商会全面获胜而结束，其中自不乏总商会的经济实力与在居留地之地位，亦离不开袁世凯政府的支持与认可。新加坡中华总商会在获得袁世凯政府的认同后，更倾向于对袁世凯政府的支持。无论对于袁世凯政府之财政及实业政策，还是祖国慈善救济事业，都不遗余力。袁世凯亦对华侨有所依赖，故而在1914年御赐"群策匡时"匾额，新加坡中华总商会欣然接受并奉为无上荣耀。袁世凯复辟帝制遭到各方反对，但新加坡中华总商会对此事未有商议，也未有反对复辟的函电。复辟失败后，袁世凯被指责为"独夫民贼""窃国大盗"，但新加坡中华总商会仍未将"群策匡时"之匾额摘下，或许是匾额上并无袁世凯之名字出现，或许是袁世凯在商会心目中不至如此不堪，亦或许是"大总统"三字过于诱人，能体现出商会的地位。

然而中华总商会的这方匾额还是没能逃离诟病。1946年，槟榔屿《现代周刊》对新加坡中华总商会悬挂袁世凯题写的匾额予以批判，并称："当袁世凯要称帝的时候，南洋有人上表劝进，希望袁世凯封他一个三等男爵，或者钦赐一个咨议头衔，这正如今日南洋也有一部分的人拥护独裁，或希望得一个代表的头衔，或希望得到一个委员的位置，或希望得到若干美金的津贴，有钱的希望借此以显祖耀宗，无钱的希望借此以仰事俯畜。新加坡中华商会那块牌匾，就可以证明过去的中华商会里面，不乏拥袁的份子，根据他们当时的议论，当然是应当拥护'中央'，拥护'政府'，拥护'法统'，拥护'合法的组织'，拥护'列强一致承认'的政权，也就是应该拥护'我袁大总统'。在民国二年就反对袁世凯独裁的中山先生，以及跟中山先生起义讨袁的黄兴、李烈钧、柏文蔚等，根据那种拥袁的理论，当然是叛逆，是匪党。看见了新加坡中华商会悬挂袁世凯所题给的牌匾，我不禁联想到今日有人悬挂蒋主席的玉照。三十年前袁氏在那块牌匾上只写着'大总统题给'，而没有题上他的姓名，可说是这块牌匾的幸运。因为没有他的姓名，就是在现在看来，也并不是十分醒目，说不定有人根本不知道那个大总统是谁，而'大总统'三个字又很可以满足一部分商人的虚荣心，所以直到民国三十五年的今天，那块牌匾还得高悬在新加坡中华总商会的大礼堂之上，牌匾上如果有'袁世凯'三个字，恐怕早就给人家卸下来了。"该文作者还借古讽今，批判槟榔屿中华商会拥护蒋介石独裁，最后赞扬陈嘉庚等新商人，他们"坚决反对独裁，不为权势所移，不为虚荣所惑，可见今日的华侨商人，不乏热烈爱好正义和洞悉世界大势的人士，决非完全是迷信权势和崇尚虚荣的笨伯傻瓜了"[①]。经过漫长的历史岁月，"群策匡时"匾额如今仍高悬于商会会所内，既是与中国政府联系密切的证据，又是商会关怀祖国、出力出策的荣誉史的表征。

---

① 丝丝:《袁世凯与新加坡中华商会》,《现代周刊》(槟榔屿), 1946年, 第21期, 第7页。

商会"群策匡时"匾额

（图片来源：2015年拍摄于新加坡中华总商会内）

另外，值得一提的是"宗风远鬯"匾额。鬯（读音chàng）本意是指古代用于重要节日活动宴饮用的一种香酒，气味芬芳，也用来敬天神、地祇、人神等，古人用它来降神。因酒气味芬芳浓郁，故鬯又通"畅"。"宗风远鬯"由"大总统"于1920年题写，这位"大总统"为北京政府徐世昌。徐世昌文化功底深厚，题写"宗风远鬯"不足为怪，言下之意即是对新加坡中华商会宣扬祖国文化的赞赏，又是对新加坡传承中华文化的期许。

商会"宗风远鬯"匾额

（图片来源：2015年拍摄于新加坡中华总商会内）

1906 年 6 月 24 日，清政府商部秉呈皇太后和皇上，请求批准新加坡中华商务总会立案，指出现在商会"规模初具"，成立事宜"已经知照该国地方官立案"，商会"入会者八九百号，皆系正项商业，拟请援照内地商会办理成案，颁给新加坡中华商务总会关防一颗，俾昭信守；所举会员并恳一体给予委札，藉资鼓励"。商部将来函转奏皇太后、皇上，请其给予关防及委札。[①] 农历六月二十五日（8 月 14 日）收到商部颁给关防一颗，商会于二十七日辰时谢恩、拜印，随后启用该关防。[②] 商会的关防一直保存至今，并摆设在晚晴园展览。学者和观众常常认为该关防是新加坡中华商会政治倾向清政府的力证，并表明新加坡中华商会是清政府的半官方机构。然而，我们不可以被某一单独的"遗迹"所误导，而应该更全面地结合档案等资料来分析。新加坡中华商会章程第二章第四条已经明确规定："商务总会用木质印章三颗，一为长方式，应请商部颁给，篆曰'新加坡中华商务总会关防'，专为中国公牍文移之用；一作椭圆式，由会自刻楷书'新加坡中华商务总会'字样，另增英字，以备出入银项及一切要件之用，是为商会正印；一作圆式，篆华、英文如上，作为通用印信；其书柬等印，另行刊刻。"[③]

---

① "商部奏新加坡创设中华商务总会请予立案摺"，《公牍》，《商务官报》。
② 《新加坡中华总商会议事簿》，1906 年 8 月 14 日，新加坡国家档案馆藏。
③ 《新嘉坡中华商务总会试办章程》，哈佛大学哈佛燕京图书馆藏。

清政府颁发的关防是新加坡中华商务总会的重要印章之一，但是并非商会正印。陈来幸等研究者多强调关防是海外商会具有中国政府半官方机构和派出机构的性质，从这则章程来看，似乎并不能表明新加坡商会是政治单一从属清政府的，也并不能简单界定为清政府半官方机构和派出机构。笔者认为新加坡中华商务总会的既与祖籍国清政府有沟通之关系，又能使华商与居留地殖民政府建立联系，他具有沟通新加坡华商与两个政府的功能。

四、商会的照片与历史镜像

商会房间的墙壁上悬挂着许多肖像画与对联，其图像与文本，亦是商会历史的呈现。一层正门进入后便是商会办事处，映入眼帘的是两廊悬挂的团体照片，其中间处是一张新加坡中华商务总会开幕式时的会员合影照，各会员整齐穿戴传统的长袍马褂，右胸口戴商会襟章，不少会员手握折扇，共计49员，与首届商会会员数相差3名，应是缺席告假之会员，从背景建筑观察，此照片应该是拍摄于同济医院门前。另一侧中间处是首届会员的小照合集，共54员，包括首届选举出的会员52名，以及坐办曾兆南和英文翻译司理陈德逊。左右两侧有一副对联，上联为"商局已观成赖向心立定脚跟几经风潮翻绕现出文明气象"，下联为"会场方讬始愿大众留些面目此后增高继长幸无忘缔造艰难"。从这张照片中已经难以逐一校对姓名，然而笔者在一个西方人的游记中又发现这张照片，并且这位西方伟大的游客将商会会员人名按照从左至右从上至下的顺序全部列出，当然是其英文名，中英对照，还可明确商会会员的英文姓名，更显史料价值。如前文所述，二层正厅悬挂大总统颁发之"群策匡时"匾额。二层议事大厅四周则挂满倡建商会诸君的小照，每相连镶镜框高为28寸，宽为18寸，所有会员提交照片均穿马褂，不戴大帽。①

梁绍文见到的照片应该是商会成立时的合影，议员"穿袍褂缎靴""戴翎顶纱帽"的形象给他一种"守旧"的印象，商会内带有中国传统特色的陈设也使梁绍文觉得老派，甚至认为商会"大至一间房子，小至一张板凳，都足以表示他们守旧的精神"。新加坡中华总商会的建筑和陈设都带有浓厚的中国传统色彩，其中体现了华侨对祖籍国的认同，尤其是商会早期对皇帝、大总统等官方权力的认同，这些因素有利于商会权威的树立，有利于商会更好地领导和协调华侨事务。但是，在海峡殖民地和世界贸易港的新加坡，商会本应该属于现代化的商业机构，其传统性则被激进者评判为守旧，备受诟病。随着社会发展，新加坡中华总商会的董事也日益西化，接受西方摩登的服饰和打扮，与西方商人日趋接近。

---

① 《新加坡中华总商会议事簿》，己酉年四月十八日。

商会创始会员照片（1906年）　　商会创始会员照片（1906年）

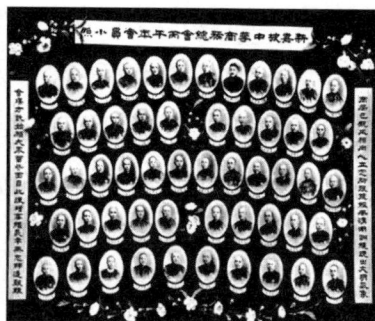

商会就职典礼合影（1923年）　　商会就职典礼合影（1939年）

　　实物和图像可以为历史研究提供许多侧面的证据，而这些证据往往在档案和文本中被忽视了。新加坡中华总商会的建筑、匾额、印章、会员合影、会所照片等一系列资料，可以弥补商会文本资料的不足，为我们展现丰富的商会活动空间和历史面貌。同时，图像又往往具有某些陷阱，如果对其他类型的资料不够熟稔，又容易产生错误的认识。新加坡中华总商会以一所传统中国式样的宅院作为会所，往往让人联想其政治上倾向祖籍国，然而梳理其会所确定的历程，则是其租赁会所、购置产业的正常发展。清政府颁发的关防是让人印象深刻的实物，容易使人误以为新加坡华商会是清政府在海外的派驻机构，如果细读商会章程，则发现商会的印章不限于关防，且关防并非正印。如果不把图像的历史背景弄清楚，图像甚至会造成误解。多重史料的运用、长时段的考察，是我们全面认识历史的基础和科学途径。透过文字、图像和实物等多种资料，探析历史的宏观与细节，从而去接近历史的复杂面相与真实面貌。

作者简介： 朱庆，男，厦门大学南洋研究院博士后，湖南师范大学商学院研究员，主要从事中外关系史、中国近代史、东南亚史研究。

海上丝路视野下宋代海商的兴起及其影响 [①]

丁美丽

摘要： 宋代海商逐渐成为海上丝绸之路西太平洋航段中与"蕃商"并驾齐驱的商业力量。宋代海商的兴起是在多重因素互动下实现的。造船业和航海技术的不断进步为海商发展海外贸易提供了必要条件；中国经济重心南移，东南地区工商业的发展为海商兴起奠定了经济基础；社会结构变动，东南沿海地区人口急剧增长，商品经济空前活跃，为海商的兴起提供了适宜的社会环境。海商群体的兴起奠定了 11 世纪以后中国在海上丝绸之路与西太平洋国际贸易体系中的重要地位，并助推中国进出口商品结构的变化和对外贸易管理制度的发展。

关键词： 宋代海商；海上丝绸之路；海外贸易

宋代中国海外贸易发展迅速，处于中国古代海外贸易发展历史曲线的加速上升阶段。东南沿海地区的冒险者相率赴洋，航迹遍及日本、东南亚和印度洋海岸，大抵奠定了以后数

① 本文系国家社会科学基金重大招标项目"世界华商通史（六卷本）"（项目号：17ZDA228）的阶段性成果。

78

百年华商经贸网络的范围。这一时期，无论是海上贸易所涉地域，还是贸易规模都远超此前历代，并崛起一支能够与传统上主导海上丝绸之路贸易的"蕃商"并驾齐驱的海商群体。[①] 目前，学界较多关注宋代海外贸易的整体发展，鲜见对宋代海商群体的专门探讨。尽管如此，仍有一些极有价值的相关成果问世。黄纯艳关注宋代海外贸易的兴盛及其成因，并初步涉及这一时期海外华商群体在中外政治、经济和文化交流中的纽带作用。[②] 刘文波从福建社会经济发展的角度分析了福建海商崛起的动因。[③] 庄国土从历史视角讨论了华商海上贸易网络的形成，并指出宋元时期是这一网络的初步形成阶段。[④] 本文将宋代从事海外贸易的华商（海商）作为一个整体进行研究，探讨这一群体的兴起及历史影响。

一、宋代海商兴起的多重表现

中国海商的出现虽由来已久，但在宋代以前，中国海外贸易多为"蕃商"经营，至唐代中后期海外贸易兴起和国内政治局势风云变幻之际，出海贩货的中国海商才不断增多。宋代朝

---

① "蕃商"亦作"番商"。

② 黄纯艳：《宋代海外贸易》，北京：社会科学文献出版社，2003 年。

③ 刘文波：《宋代福建海商之崛起》，《江苏商论》2008 年第 2 期；刘文波：《宋代福建海商崛起之地理因素》，《中国历史地理论丛》2006 年第 1 辑。

④ 庄国土：《论早期海外华商经贸网络的形成——海外华商网络系列研究之一》，《厦门大学学报》（哲学社会科学版）1999 年第 3 期。

廷对私商持鼓励态度，加之东南地区经济持续发展，海外贸易空前兴盛。在此背景下，宋代海商群体迅速兴起，并主要体现在以下几个方面。

首先，中国海商逐渐成为海上丝绸之路贸易中与"蕃商"并驾齐驱的商业力量。随着宋代民间海上贸易活动的兴起，随船出洋的人员成分也渐趋复杂，数量也相当可观，海外华商侨居网络初兴。在远洋贸易活动中，一些海商与当地女子通婚，进而定居在当地。在日本，宋商的贸易活动经历了在日本政府限定的宾馆内的"封闭贸易"向有固定住所的"住蕃贸易"转变。[①] 随着住蕃海商增多，形成了早期的在日华商集聚区。在东南亚，最早的有确实记录的是南宋景定年间（1264年），在文莱发现的蒲姓汉字墓铭。墓上书有"宋泉州判院蒲公之墓"。[②] 在《明钞本〈瀛涯胜览〉校注》中记载，在爪哇岛上的"杜板"（今锦石西北的图班）"多有中国广东、漳州人居流此地"，"中国历代铜钱通行使用"。[③] 可见，此地早有中国海商聚集。简光沂认为，宋元时期的"华侨主要是华商和海员，其次是劳工、小贩、自由职业者"，他们就成为基于"同族、同乡或同行"关系构建网络的纽带。[④] 换句话说，在宋元时期，

① 参见赵莹波：《宋日贸易研究——以在日宋商为中心》，南京大学博士学位论文，2012年，第53-60页。

② 简光沂：《华侨简史与华人经济》，北京：中国经济出版社，1999年，第29页。

③ ［明］马欢：《明钞本〈瀛涯胜览〉校注》，万明校注，北京：海洋出版社，2005年，第18页。

④ 简光沂：《华侨简史与华人经济》，北京：中国经济出版社，1999年，第38页。

以亲缘、乡缘、业缘为基础已经开始初步形成了早期的华侨聚集区，其中的主体是海商。海外华侨社区的出现推动了华商网络的萌芽与成长。诚如庄国土教授所说：华商网络的构建还要以海外侨居网络为基础，即"华商在海外有相对稳定的活动范围，有与贸易相联系的小规模移民活动，有几个大的华商聚居点（可看作贸易基地）及分散的小聚居处"。[①] 正是在华商贸易网络萌芽与早期海外华侨聚集区发展的推动下，海外华商网络开始构建。以此为基础，华商开始挑战传统上"蕃商"在西太平洋海上贸易中的主导地位。

其次，海商逐渐成为宋政府的重要税源之一。宋代鼓励私商贸易，并设立市舶司管理和控制，其目的在于增加政府的税收。据《宋史》记载，宋太宗时期，海商"浮舶贩易外国物"及"阇婆、渤泥、占城诸国"的岁贡使"犀象、香药、珍异充溢府库"。宋廷在京城"置榷易署，稍增其价，听商入金帛市之"，一年得利"三十万缗"，此后每年都增加，达到 50 万缗。[②] 当时宋廷年入在千万缗以上，市舶之利虽较丰厚，但尚未成为宋廷的主要税源之一。至南宋初期，疆土锐减，财政吃紧，偏安的南宋政府一年岁入大幅减少，与此同时，东南沿海地区的经济迅速发展，从事海上贸易的海商开始成为宋廷的重

---

① 庄国土：《论早期海外华商经贸网络的形成——海外华商网络系列研究之一》，《厦门大学学报》（哲学社会科学版）1999 年第 3 期。

② ［元］脱脱等：《宋史（全四十册）》，卷二百六十八，北京：中华书局，1977年，第 9222-9223 页。

要税源。根据李心传《建炎以来系年要录》记载，绍兴年间，提举两浙市舶司奏称："三舶司岁抽及和买约可得二百万缗"。[①]当时南宋朝廷全年财政收入不及千万缗，可见海商缴纳的市舶之利已成为宋政府的重要收入。在此背景下，南宋朝廷大力支持和鼓励海上贸易，甚至对一些海商大户奖与官职，以资鼓励。南宋绍兴六年，泉州知州连南夫奏请："诸市舶纲首能招诱舶舟、抽解物货、累价及五万贯十万贯者，补官有差"。当时的大海商、纲首蔡景芳"招诱舶货，收息钱九十八万缗"，得补"承信郎"官职。[②]

此外，宋代海商的海外贸易网络进入萌芽阶段。随着宋代海外贸易的兴盛，北起日本，南至东南亚的华商贸易网络开始萌芽，并初步奠定了近代以前海上华商贸易的大致范围。东线主要是日本、朝鲜、琉球，这在唐代已基本奠定。在西线贸易中，唐代的中国商船已到达印度洋，并与东南亚各主要地区开展了一定的贸易交往。在此基础上，宋代进一步加强与东南亚各港口的贸易，这从《诸蕃志》等文献中对东南亚各地风土人情的详细记载可以证明。一些学者考证，宋代商人的贸易活动已经到达东非沿岸，建立起中非之间的直接经济交往。[③]至此，宋代海商开始把东北亚与东南亚的贸易串连起来，推动以中国

① 李心传：《建炎以来系年要录·卷一百八十三》，北京：中华书局，1956年，第3053页。

② ［元］脱脱等：《宋史（全四十册）》，卷一百八十五，北京：中华书局，1977年，第4537-4538页。

③ 黄纯艳：《宋代海外贸易》，北京：社会科学文献出版社，2003年，第14页。

商品贸易为载体的经贸网络进入萌芽阶段，构成古代海上丝绸之路国际贸易体系的重要组成部分。

总之，宋代海商群体逐步成长为能够与传统蕃商并驾齐驱的海商群体，推动西太平洋地区的华商贸易网络进入萌芽阶段，并在日本、东南亚一些港口建立了早期的华侨社区。当然，尽管这一时期海商群体不断壮大，但尚未完全取代蕃商在西太平洋海上贸易中的主导地位，华商经贸网络也尚未成形。但正如庄国土教授指出的："至少在元末明初，以闽南商人为主导的、联系中国东南沿海地区的海外华商网络已初步形成，或已具雏形"。① 因此，可以说，宋代华商的兴起为华商主导西太平洋海上贸易和构建海外华商网络奠定了坚实基础，成为古代海上丝路贸易中的重要商业力量。

二、宋代海商兴起的多重动因

宋代中国海外贸易空前繁盛，海商群体的航迹已遍及北起日本、朝鲜，南至东南亚的西太平洋地区，并在印度洋地区不断开拓。特别是南宋以降，朝廷鼓励海上贸易，从中国出发的海上丝绸之路逐渐进入鼎盛时期。由此，中国海商逐渐成长为可与传统"蕃商"并驾齐驱的商业力量。究其原因，除了宋朝廷对私商的鼓励和支持，还包括以下几方面因素。

① 庄国土：《论早期海外华商经贸网络的形成——海外华商网络系列研究之一》，《厦门大学学报》（哲学社会科学版）1999 年第 3 期。

其一，宋代造船业和航海技术不断进步，为海商群体直接从事海外贸易提供了必要条件。在东南亚的海上贸易中，唐代中国商船仍是少数，但宋代已占据统治地位。[①] 这种现象是与宋代中国造船业的异军突起密切相关的。此一时期，据史籍所载"浙江乃通江渡海之津道，且如海商之舰，大小不等，大者五千料，可载五六百人；中等二千料至一千料，亦可载二三百人；余者谓之'钻风'，大小八橹或六橹，每船可载百余人。"[②] 北宋时期水密隔舱技术得到应用，增加了船只的抗风抗沉能力，此后在整个帆船时代都处于领先水平。[③] 南宋时期，指南针又被广泛应用于航海，由此突破了传统上依靠牵星术和辨别地表特征的导航模式，成为中国航海史的重要里程碑。自此，中国海船走向深海，进行跨洋航行成为常态。南宋赵汝括的《诸蕃志》载："渺茫无际，天水一色，舟舶来往，唯以指南针为则，昼夜导视惟谨，毫厘之差，生死系矣。"[④] 这一时期，造船业和航海技术的发展使得华商海外贸易的范围大大拓展，从沿岸贸易转向深海远航贸易。大批海商乘中国海船远航

① 参见［美］约翰·F.卡迪：《东南亚历史发展》（上册），姚楠、马宁译，上海：上海译文出版社，1988年，第28页；邱新民：《东南亚文化交通史》，新加坡：文学书屋，1984年，第196-198页；［日］桑原隲藏：《蒲寿庚考》，陈裕菁译，北京：中华书局，1954年，第51页。

② 吴自牧：《梦粱录·卷12》，载《民国丛书集成初编》，北京：商务印书馆，1936年，第108页。

③ 黄纯艳：《宋代海外贸易》，北京：社会科学文献出版社，2003年，绪论，第1-4页。

④ ［宋］赵汝括：《诸蕃志·卷下》，冯承钧校注本，台北：商务印书馆（台湾），1962年，第146页。

东南亚乃至印度洋各港口，与当地"蕃商"直接贸易，不必再借助"蕃商"中转。

其二，宋代中国经济重心持续南移，东南地区工商业的迅速发展为中国海商兴起奠定了经济基础。唐代中期以后，受政治局势影响，北方迭遭战乱，人口大量南迁，社会经济遭到严重破坏，而南方工商业持续发展，为宋代东南海上贸易兴起铺垫了道路。宋代与此前历代不同，北方受少数民族政权阻隔，海路成为海外商品的主要进出口渠道，日本、朝鲜、阿拉伯、印度和东南亚等地都与东南沿海地区存在较为广泛的商贸联系。在这一背景下，中国出口的最大宗商品之一——瓷器的生产逐渐向东南地区集中。正如有学者指出的："唐代陶瓷输出是沿西北丝绸之路，宋代以后转移到海路"。[①] 及至北宋，四大窑系（定窑、磁州窑、钧窑和耀州窑）尚全部位于北方，且为宫廷烧瓷的六大窑（陕西耀州窑、河北定窑、浙江越窑及河南的汝窑、官窑、钧窑）中仍有 5 个位于北方，但南移进程已经开始。至南宋，浙江、福建、广东、江西等东南沿海地区涌现出的大批瓷窑成为主要产地，完成了陶瓷业从北方内陆向东南沿海地区的转移。[②] 这一时期，东南沿海地区的泉州、广州等贸易港亦崛起，成为当时闻名世界的富庶城市，市舶之利成为政府收入的重要来源之一。

---

① 冯先铭：《中国陶瓷》，上海：上海古籍出版社，2001 年，第 425 页。

② 主要窑址包括：江西景德镇窑、南宋官窑、南宋哥窑、浙江龙泉窑、江西吉州窑、浙江越窑、福建建窑、福建同安窑、福建泉州窑、广东西村窑、广东潮州窑、广西藤县窑、广西永福窑、湖南衡山窑、四川成都琉璃厂窑。

其三，宋代社会结构变动，东南沿海人口急剧增长，工商业和农业发展迅速，为海商的兴起提供了适宜的社会环境。这一时期，官僚地主取代世家大族在政治上的垄断地位，小农、佃农取代依附世家大族的部曲成为自由农，社会结构的变动使传统的人身依附关系更加松弛。与之相应，实物地租与货币地租取代劳役地租，募兵制改为征兵制，雇募制取代徭役制，这些变化都推动宋代社会进入一个空前自由活跃的时代，涌现出大批脱离农业生产的手工业者和商人。特别是在南宋，东南地区人口激增，土地得到不断开发，商品经济发展。东南地区农作物产量大幅增加，除大宗的粮食外，还有茶叶、丝、棉、麻和水果等经济作物。同时，手工业生产如采矿、冶铸、染织、酿造等行业发展迅速，技术和产量均大幅超过前代。商品货币经济的大发展推动银两和纸币（交钞）的出现和广泛应用，特别需要指出的是，中国开始使用纸币比欧洲早 600 多年。[①] 社会结构变动、工商业和农业的发展都推动东南地区对外贸易的兴盛和海商群体的兴起。

总之，宋代是中国海外贸易迅速兴起的阶段，海上丝绸之路空前活跃，这得益于这一时期特殊历史背景下各方面的有利条件。造船业和航海技术的发展为中国海商驾乘中国帆船进行远洋贸易提供了便利；东南沿海地区工商业迅速发展，商品经

---

① 中国纸币最早是在北宋初年四川出现的，在公元 11 世纪已开始流通；而欧洲直到 17 世纪末才出现，最早是由建立在瑞典的斯德哥尔摩银行于 1661 年发行的。参见（英）凯瑟琳·伊格尔顿、乔纳森·威廉姆斯：《钱的历史》，徐剑译，北京：中央编译出版社，2011 年，第 194-196 页。

济空前活跃，人口迅速增长，为中国海商出洋贸易奠定了有利的经济基础和社会环境。当然，宋代朝廷对海商出海贸易的鼓励与支持也是必不可少的政治前提。由此，从事远洋贸易的中国海商群体迅速兴起。

三、宋代海商兴起的内外影响

在多重因素推动下，过去零散出海贸易的华商在宋代集结成一支重要的海上商业力量，并逐步能够与传统上主导中国海上对外贸易的"蕃商"并驾齐驱。这一重大变化是中国东南各地人民"海洋意识"和"商业意识"觉醒的重要表现，也是我国经济重心不断南移、东南地区经济社会持续发展的必然结果。宋代海商的兴起具有划时代的意义，对古代中国及对外经济、政治和文化交流产生多重影响，尤其表现在以下几个方面。

首先，宋代海商的兴起推动中国古代对外贸易管理制度的发展与创新。早在唐玄宗开元二年（714年），就有任命市舶使的记录。《旧唐书》中记载："时右威卫中郎将周庆立为安南市舶使，与波斯僧广造奇巧、将以进内……上嘉纳之。"[1]至开成年间，又载"南海有蛮舶之利，珍货辐凑"，"旧帅作法兴利以致富，凡为南海者，靡不捆载而还"，时任广州刺史、御史

---

① ［后晋］刘昫等：《旧唐书（全十六册）》，卷八，北京：中华书局，1975年，第174页。

大夫、岭南节度使卢钧，"请监军领市舶使，已一不干预。"①
由此可知，唐代已开始在官方层面上管理海上私商贸易，但由于海商数量较少，海外贸易总额不大，因此所设市舶使并非管理海上贸易的专门机构，而只是临时性的使职差遣。宋代海商群体兴起，海外贸易空前繁盛，宋政府在唐代海上贸易管理制度的基础之上，设立了专门管理对外贸易的市舶司，兼管海上私商贸易，并修订了中国最早的市舶条例。②据《宋史》所载，"元丰三年，中书言，广州市舶已修订条约，宜选官推行"。市舶条例包含海商出入贸易港手续的办理、抽税和官买的方式、蕃商的优惠政策、进出口商品的管理等方面。其中载明：商人出海贸易，须将前往之地及"物货名数"向所在州登记报备后，"官给以券"，对于擅自出海贩货者予以治罪。宋代的市舶司主旨在于规范海商，而并非专以收税。南宋隆兴年间朝臣评价称其"抽解有定数，而取之不苛，输税宽其期，而使之待价，怀远之意实寓焉"③。创建于北宋时期的市舶制度在南宋时期得以继承和发展。市舶司的建立和市舶条例的实施使宋代海商被纳入政府管理之中，避免了恶性竞争，在纳税的同时，其

---

① ［后晋］刘昫等：《旧唐书（全十六册）》，卷一百七十七，北京：中华书局，1975 年，第 4591-4592 页。

② 据《宋史》载，开宝四年（年），"置市舶司于广州，后又于杭、明州置司"。参见［元］脱脱等：《宋史（全四十册）》，卷一百八十六，北京：中华书局，1977 年，第 4558 页。

③ ［元］脱脱等：《宋史（全四十册）》，卷一百八十六，北京：中华书局，1977 年，第 4560-4566 页。

权益也得到一定程度的保护。宋代的市舶制度在中国对外贸易制度的发展史上具有划时代的意义。

其次，宋代海商的兴起奠定了 11 世纪以后中国在国际海上贸易体系中的重要地位。虽自秦汉时期，中国商品在国际贸易中就占有优势，但把中国商品销往世界各地的则主要是波斯、阿拉伯及印度的商人，在中国至东南亚航线上的商船也主要是"蕃舶"。直至宋代，中国海商才频繁出现在远洋航线上，能够与波斯、阿拉伯及印度的商人群体并驾齐驱。正如斯塔夫里阿诺斯所说："宋朝时期，中国人首次大规模从事海外贸易，不再主要依靠外国中间商。"① 宋代之前的中国海上贸易，海上跨度较短，且主要是近岸航行。至宋代，中国商船已可以横渡印度洋进行远洋贸易，对西太平洋及印度洋沿途的水文、地理已有相当程度的认识。据《岭外代答》所载："广州自中冬以后，发船乘北风行，约四十日到地名蓝里，博买苏木、白锡、长白藤。住至次冬，再乘东北风六十日顺风方到（麻离拔国②）"，此地"巨舶富商皆聚焉"。③ 此一时期，中国海商已具备在海上贸易中与"蕃商"竞争的实力。可见，随着宋代海商的兴起及其对远洋贸易的参与，中国已成为西太平洋

① ［美］斯塔夫里阿诺斯：《全球通史：从史前史到 21 世纪》（上册），吴象婴等译，北京：北京大学出版社，2006 年，第 261 页。

② 即今阿拉伯半岛上阿曼的米尔巴特。参见［宋］周去非著，杨武泉校注：《岭外代答·校注》，北京：中华书局，1999 年，第 101 页。

③ ［宋］周去非：《岭外代答校注》，杨武泉校注，北京：中华书局，1999 年，第 99 页。

和印度洋海上贸易的重要参与者，进而奠定中国在 11 世纪以后西太平洋贸易体系中的重要地位。

最后，宋代海商的兴起还推动中国进出口商品结构的变化。宋代以前，中国进出口商品以奢侈品为主，其中，进口商品多是各种"珍异"，出口则主要是丝绸、瓷器等贵重物品。至宋代，随着海商的兴起，相对于前代，进出口贸易更为活跃。进口商品主要有珍宝（金银、象牙、珍珠等）、香料（乳香、檀香、安息香等）、药材（苏木、鹿茸、茯苓、胡椒等）、日常用品（蕃布、高丽绢、绸布、席等）和军事用品（硫黄、镔铁、皮货）等，多为初级产品或未经加工的原材料；出口商品以工艺制成品为主，主要包括手工业制品（如瓷器、陶器、书籍、漆器等）、金属制品（如铜钱、铜器、金银饰品等）、工艺品（如玩具、梳、扇等）和农副产品（茶、粮、酒等）。[①] 可见，宋代中国海外贸易进入繁盛期，进出口商品种类和数量都大大增加。同时，中国国内消费市场更加活跃，宋太宗时曾下诏：除珠贝、玳瑁、犀象等少数几种商品实行专买外，其他各种商品"官市之余，听市于民"[②]。总之，在中国海商兴起的背景下，宋代海外贸易迅速扩张，国内市场空前活跃，传统上由蕃商主导经营的奢侈品贸易开始向中国海商主导经营的大众消费品贸易转换。

---

① 参见黄纯艳：《宋代海外贸易》，北京：社会科学文献出版社，2003 年，第 35、55 页。

② ［元］脱脱等：《宋史（全四十册）》，卷一百八十六，北京：中华书局，1977 年，第 4558-4559 页。

四、结语

随着宋代中国政治经济形势的变迁，唐以前中国海商零星的出海贸易向政府鼓励下的群体性远洋贸易转变。中国海商逐渐能够与此前占主导地位的"蕃商"并驾齐驱，进而成为古代海上丝绸之路贸易中的重要商业力量。同时，宋代海商的兴起在纵向上为元代至明初中国海外贸易的进一步扩展奠定了基础，在横向上则为西太平洋贸易圈和印度洋贸易圈的一体化发展做出重要贡献。宋代中国海商群体的兴起是在多重因素的互动下实现的。政府的鼓励和支持，中国造船业和航海技术的不断进步，中国经济重心的持续南移，东南地区工商业的繁荣发展，宋代社会结构的变动与劳动人口的大量增加等因素相互交织，为宋代海商的兴起奠定了政治、经济、社会和技术等诸方面的基础。宋代海商的兴起推动了古代对外贸易管理制度的创新、中国海商在西太平洋贸易体系中地位的提升、中国进出口商品结构的变化，这些成就都在中国海外贸易发展史上具有划时代意义。可以说，这一时期不仅成为中国商人主导西太平洋海上贸易体系的奠基阶段，而且在一定程度上促进了中国人"海洋意识"和"商业意识"的觉醒。

作者简介：丁美丽，女，广西民族大学民族与社会学学院硕士研究生，主要研究方向为民族史、华侨华人史。

跨国主义视角下德国华商群体的发展 [①]

卓　浩、邵政达

摘要： 当代德国华商所从事的行业呈现出多元化的特征，除传统的餐饮业外，还分布于国有经济机构或协会、中小私人企业、各类服务性行业等。作为德国经济的组成部分，华人族群经济目前还在起步阶段，尚未形成规模。尽管华人经济在短期内较难完全融入德国主流经济和社会，但随着新一代移民崛起和高素质人才的不断涌入，未来华人企业将不断转型升级。在"一带一路"和全球化背景下，德国华商拥有良好的发展机遇和前景。

关键词： 德国华商；跨国主义；华侨华人；社会融入

德国华侨华人群体的历史可以追溯到 19 世纪，早年以从事海员和小商贩为主，至"二战"前已初步形成一支小型华商群体，经营中餐馆、食品店、服装店等。战后，特别是改革开放以来，随着德国华人数量的增长，从事工商业活动的德国

①　本文系国家社会科学基金重大招标项目《世界华商通史》（六卷本）"（项目号：17ZDA228）的阶段性成果。

华商群体也随之壮大，经营行业日益多元化，成为德国经济和社会中一支特色鲜明，较有影响力的群体。学界对德国华人的研究已经取得了一些成果。但相关研究主要集中于德国华人的移民历史、社会融入状况、族群特点等，鲜有从华人经济特别是华商群体发展的角度进行的探讨。尽管如此，仍有一些相关论著具有重要的参考价值。戈廷格·埃里奇（Gütinger Erich）叙述了 19 世纪以来在德华人从事行业的变迁与生活状况，统计了 20 世纪以来中餐馆的数量变化。[①] 达格玛·于—登不斯基（Dagmar Yu-Dembski）论述了早期柏林华人的艰辛奋斗史，将他们定义为"沉默又困苦"的一批人。[②] 李明欢教授基于对整个欧洲华人经济的考察中，对德国华人中餐业、旅游业给予了一定关注。[③] 何志宁从德国华人社会融合的角度初步讨论了华商群体的行业发展、政治地位、社团等状况，认为大多数华商企业尚未与德国主流经济体达到整合，但对华商在德国的未来发展持肯定态度。[④]

华侨华人具有流动性、跨国性、边缘性等特点，其形成发展始终受到中国政府、中国侨乡、居住国政府以及居住国社会等多重关系相互作用的影响。[⑤] 因此本文运用跨国主义理论，

---

① Gütinger Erich. Die *Geschichte der Chinesen in Deutschland*, Münster：Waxmann，2004.

② Dagmar Yu-Dembski：*Chinesen in Berlin*，Berlin，2007.

③ 李明欢：《欧洲华侨华人史》，广州：暨南大学出版社，2019 年，第 620、639 页。

④ 何志宁：《华人族群及与德国社会的整合》，北京：人民出版社，2012 年。

⑤ 潮龙起：《跨国主义理论视野下的海外华人研究——评李明欢教授的〈跨国化视野：华人移民的圆梦之旅〉》，《东南亚研究》2015 年第 6 期。

将目光聚焦在具体的跨国社会空间中，把跨国移民的经济、政治活动视作一个动态的过程，尝试解读德国华商群体的发展、特征与趋势。

一、华人移民德国的历史源流

中国人移民德国可以大体分为三个历史阶段，分别为 18 世纪中叶至 19 世纪的零散移民阶段、民国时期的移民小高潮阶段和改革开放后的新移民阶段。最早的赴德中国人可以追溯到 18—19 世纪的一批在欧亚航运中的海轮水手。由普鲁士国王腓特烈二世特准设立的"普鲁士王家艾姆敦对华亚洲贸易公司"（King of Prussia Emden China Asia Trading Company），是最早从德国派船到中国进行贸易的公司。从 1752 年至 1757 年，这家公司的船只在广州先后停泊了数十次，所运货物主要是茶叶、生丝、丝织品及瓷器。① 少数华人被招募到由中国到汉堡的商船上工作，在那些欧洲船主眼中，比来自其他地区的劳工更容易驯服，工作更勤奋，他们一般被安排在轮机房和供暖房劳动，这是最低级的部门。

20 世纪前半叶，部分中国人通过各种途径前往德国或转道其他国家来到德国。尤其值得注意的是来自浙江青田的华人商贩。受故乡资源匮乏、人多地少、自然灾害或躲避政治局势动荡的影响，许多青田人辗转来到欧洲谋生，从事中国小商品

① ［德］施丢克尔：《十九世纪的德国与中国》，乔松译，北京：生活·读书·新知三联书店，1963 年，第 37-38 页。

的买卖活动，其中一些人从意大利等国迁移到德国柏林等大城市。[1] 早期移民生活艰苦，华人商贩"顶烈日，冒严寒，沿街叫卖，受尽人世间的歧视和欺凌"。[2] 他们兜售的货物为产自中国的瓷器、石雕、漆器和纸花等小商品。当时德国禁止他们出售非进口的商品，因此这些小商贩只能从同是华人经营的批发商处购入商品再沿街兜售，受尽白眼之余也只有非常微薄的利润。他们生活极为简朴，唯一的娱乐是在附近的啤酒屋内打麻将和下中国象棋。由于语言存在严重障碍，这一华人群体与当地人的接触少之又少，成为对德国人而言"无声且神秘"的群体。早期的欧洲移民群体中，少部分从国内携带来资本或通过流动商贩积累一定资本后，开始独立经营商店，从事批发零售和进出口贸易。例如，20世纪20年代，柏林的华商林南勋从事批发生意，将货物批发给德国各地的流动商贩，甚至批发给来自奥地利、捷克斯洛伐克等国的流动商贩。[3]

在第一次世界大战中，中国于1917年加入协约国，并对德国宣战，十几万名劳工被派遣到欧洲。战后，许多华工留在了欧洲，其中一部分人选择去往德国，这群人和一些战后回流德国的水手、商人等构成一次移民潮。

民国时期的在德华人主要聚集在两个德国大城市——柏林和汉堡。其中在柏林警察局登记注册的华人在1926年3月

---

① 刘悦：《德国的华人移民——历史进程中的群体变迁》，杭州：浙江大学出版社，2018年，第15-16页。

② 温州华侨华人研究所：《温州华侨史》，北京：今日中国出版社，1999年，第87页。

③ 徐鹤森：《民国浙江华侨史》，北京：中国社会科学出版社，2009年，第89-91页。

为 508 人，1926 年 12 月为 487 人，1930 年为 468 人。[①] 当然，还有相当一部分华人并未登记。柏林的华人聚集地又分为两处：一是靠近今天柏林东部的火车东站（Ostbahnhof）一带。20 世纪 30 年代，这里有超过 200 名华人居住，形成了被当时媒体称为"黄色地带"的华人聚居区。[②] 对于柏林的富裕阶层而言，这一带是社会底层的贫民窟。聚集于此的华人很多是非法入境的移民，不受城市管理机构的欢迎，并且由于身份原因或从事的活动触犯城市管理规定而面临被驱逐的风险。该区所在的城区弗里德里希斯海因（Friedrichshain）隐藏在市中心繁华地带波茨坦广场的背后，为当时柏林失业者、酒鬼最为集中的区域。在此处居住的华人商贩大都沉默低调，不招惹麻烦，并由于按时交租，得到了德国房东的好感。《柏林环视报》（Berliner Rundschau）将该区华人描述为"大部分安静和具有忍耐力的人，不喜欢酗酒，安静地做自己的事情"。[③]

几乎在同一时期，汉堡的华人也进入迅速增长的年代。汉堡华人以曾经的水手和商人为主，到 20 年代已经在汉堡的圣保利区中的施穆克街（Schmuckstrasse）上形成"唐人街"的雏形。在鼎盛时期，这条街上有十几个中国门面，其中有餐馆、发廊、烟店，同时临近街道还有其他同样由华人经营的商店，包括出售蔬菜的店铺。1941 年，中国向德国宣战。一些

① 费路（Roland Felber）、胡伯坚（Ralf Hübner）:《中国民主主义者和革命家在柏林（1925-1933）》，载张寄谦:《中德关系史研究论集》，北京：北京大学出版社，2011 年，第 77-78、93 页。

② Dagmar Yu-Dembski: *Chinesen in Berlin*, Berlin, 2007, p.20.

③ Dagmar Yu-Dembski: *Chinesen in Berlin*, Berlin, 2007, pp.25-26.

极端的盖世太保实行种族主义措施，大肆屠杀犹太人之后又将魔爪伸向圣保利的华人。汉堡唐人街的历史也因纳粹的"中国人行动"而结束。聚居区逐渐衰落，战后已难以辨认鼎盛时的面貌。

除底层商贩和劳工外，许多华人独立经营餐馆、食品店、古董店、服装店，社会地位有所改善。因此，"二战"前的德国华人分为两个群体：一是与当地西方文化整合很好的外交官、留学生和少量有产业的华商；二是普通的、未受过教育、不被德国社会所接受和难以植根于当地社会的中国劳工和底层商贩。

"二战"后，由于广泛的战后重建工作，许多华人转换工作，成为泥瓦匠、餐馆工人、绘图员、司机和商人，另一些人成为教师、医生和科技人员等，尽显所长，为德国战后重建作出了贡献。

在战争中留在德国的学生虽然可以讲很好的德语并拥有专业知识，但在战争废墟上找不到合适工作，开餐馆成为他们的重要出路。以柏林为例，战后一些由曾经的留学生开设的中国餐馆因时应势，以优雅的品位和独特的魅力给传统中餐馆以及中国人的形象带来了一股新气象。其中的代表为1957年在西柏林市中心开张的"香港酒吧"和20世纪70年代开张的"泰东酒楼"。"香港酒吧"经营者Hak-Ming Yue来自广东，1936年来到德国，先后在达姆施塔特和柏林学习并获得工学硕士学位，最初开设了一家名为"岭南"的中餐馆，后来在柏林开办"香港酒吧"，大受欢迎。酒吧的风格一改传统中餐馆

的纯中式风格，极为别致和国际化。酒吧内设爵士舞池，20世纪60年代一度成为城中名流喜爱光顾的地方。由于1961年柏林墙建立，东西柏林对峙导致政治气氛紧张，很多西柏林企业向西部德国搬迁，西柏林的餐馆服务业也受到冲击，"香港酒吧"于1967年关闭。1970年，Hak-Ming Yue在选帝侯大街上重新开设了"香港餐厅"，该餐厅也在很长一段时间内成为西柏林知名餐厅。Hak-Ming Yue被地方报纸冠以"中国首领"和"来自广东的为人友善的百万富翁"之称。① 位于市中心布达佩斯大街的"泰东酒楼"也曾成为热门的聚会地点。由于商业规划改建，"泰东酒楼"旧址已不复存在，但直到2010年前后，"泰东酒楼"举筷品尝烤鸭的大幅广告都一直矗立在市中心繁华地带。

由于政治原因，直到1978年中国改革开放政策实施后，有规模的对外移民才重新出现。新时期的华人移民被称为"新移民"，通常泛指1978年以后移往海外，并在国外居留至少一年，无论其是否保留中国国籍的华人。② 宋全成教授考虑到非法移民的数量，并参考欧洲华侨华人社团的数据，对2014年欧洲各国的华人总数进行估算，认为德国华人数量为15万—18万人。③ 与老一代华侨华人相比，新移民呈现出高素质、高技

① Dagmar Yu-Dembski: *Chinesen in Berlin*, Berlin, 2007, p. 89.

② 宋全成：《欧洲的中国新移民：规模特征的社会学分析》，《山东大学学报》（哲学社会科学版）2011年第2期。

③ 宋全成：《欧洲中国海外移民的规模、特征、问题与前景》，载王辉耀主编：《国际人才蓝皮书：中国国际移民报告2014》，北京：社会科学文献出版社，2014年，第194-195页。

能、高参政意识的特征，深刻影响着德国华人社会的发展。

当前在德华人群体中，新老移民两个大群体的数量大致相当，相对于法国、意大利等华人新移民为主的国家，形成了鲜明的"德国特色"。[①] 其中留学生和青壮年就业人群不断增长，呈现年轻化趋势。进入 21 世纪以来，德国社会逐步向服务型和知识型社会转型，德国渴望在全球人力资源市场上吸引高层次人才并将之作为移民政策的重要考量。需要注意的是，尽管高素质人才很多，在德华人中仍有相当一部分是低学历、低技术的新移民，他们主要来自浙江的温州、青田等地，所从事的行业主要是传统的中餐业和小商品贸易等。不过，近年来，华商在与中国大陆的经济交往中受益匪浅，发展态势向好。特别是许多浙籍移民从事中德间的国际贸易，他们在德国的发展与浙江、与中国的经济崛起息息相关。[②] 一些华商在沿海一带建立廉价的、成规模的商品生产基地，他们在推动中国商品走向国际的同时，也壮大了自身的力量。

二、德国华商的行业分布与特征

由于历史因素与华人自身的特点，德国华商从事的主要行业在日益多元化的同时也保留着自身的特点。总体来说，华商

① 刘悦：《欧洲的中国新移民——形象、认同及社会参与》，《国际学术动态》2018 年第 4 期。

② 李媛、赵静：《德国浙籍华人新移民的跨国公民身份研究》，《德国研究》2016 年第 4 期。

从事的主要行业包括以下几种。

其一，开办中餐馆、快餐店和酒店等。像在其他欧洲国家一样，中餐馆也是德国华人最传统的经营行业。在 20 世纪 80 年代，80% 的中餐馆分布在西德，约有 2000 家。在每一个人口超过 5 万人的德国城镇，都有一家以上的中餐馆。[①] 在许多情况下，华人移民开餐馆并非全为盈利，而多是为解决居留问题。因此，餐饮业对德国华人来说虽是一个重要的生存领域，但已不是最重要和最有影响力的了。

其二，在中国国营机构、子公司、分公司、代表处从事经营活动。在中国"走出去"战略的号召下，许多中国企业进入欧洲市场。从 20 世纪 80 年代以来，许多中国国营公司纷纷进入德国，它们通过子公司、分公司或代表处的建立来加深和德国的经济联系。早在 1998 年出版的《德国华商手册》中就做了以下的资料统计：1998 年，在德国已有 10 家中国国营银行、金融机构和保险公司。如在法兰克福和汉堡的中国银行，在法兰克福的中国建设银行，在汉堡的中国人民保险公司代表处（PICC），在汉堡的中国保险股份公司（CIC）以及在法兰克福的香港贸易发展局（Hong Kong Trade Development Council）等。在中德经济交往日益密切的情况下，航空公司成为两国间重要的沟通纽带。中国南方航空公司法兰克福办事处总经理陈京伟表示："对于南航来讲，开拓德国市场是一个

① 何志宁：《华人族群及与德国社会的整合》，北京：人民出版社，2012 年，第 165 页。

必然之举，这里有巨大的市场，有足够的收入"。[①]

其三，从事服务行业，如经营独立的公司和机构、旅行社、贸易公司、中介公司、旅馆、翻译公司、保险公司、私人语言学校、亚洲超市等。对于多数华商来说，初来德国投资开办餐馆只是一种生存手段，是社会地位提升的第一步。目前，华商行业呈现多元化趋势。旅行社是华商第二大行业，在德国有两大华人旅行社。一个是在汉堡的恺撒旅行社（Cäsar Travel Service），另一个是在法兰克福的飞扬旅行社（Feiyang Travel Service）。[②] 自 1990 年以来，"欧洲行"是中国人最追捧的旅游线路。因此，这类大型旅行社得以扩大生意并将业务扩展到贸易、人员交流等领域。它们的业务不依赖于德国经济状况和德国的劳工市场，而是仰仗于中国的经济、中国的旅游消费力和中德两国政府的旅游政策。华商经营的旅行社为华人社区和德国社会创造了较多就业岗位，如旅游车司机、酒店服务人员和导游等。

国际贸易公司也是很多华商热衷的行业，而且形式众多。华商经营的贸易公司多是中小企业，大多以进口简单的日用百货为主，欧盟和德国通过严格的反倾销法和政策控制着这类中国商品的进口，被起诉的中国企业仍必须证明自己已经完全达到欧盟所列的 5 项市场经济标准才行。[③] 而输往中国的德国

① 曹奕:《翱翔德国——中国南方航空公司》,《金融世界》2014 年第 1 期。

② 何志宁:《华人族群及与德国社会的整合》,北京:人民出版社,2012 年,第 145 页。

③ 叶秋华、王云霞:《欧盟反倾销法的历史与现状》,《中国人民大学学报》2002 年第 2 期。

产品大多是高技术和高附加值的工业品，且数量巨大，这些产品大多是精密医疗器械、工业机械、汽车、环保技术乃至飞机等。大多数华商中小企业因条件所限不能参与这些德国产品的出口业务。

相较而言，当代德国华商群体的特征主要表现为以下两个方面。其一，德国华商群体发展起步晚。与德国相比，英国、法国、意大利和西班牙等西欧国家的华商企业已经粗具规模，多元化的经济形态已经凸现，华商群体逐步融入欧洲社会。[①]但在德国，华商群体尚处于起步阶段，这是有历史原因的。英法等国是老牌殖民国家，早在17世纪就已经在东方建立殖民地，并进行贸易扩张，在与殖民地、贸易对象的广泛交往中，对东方文化、生活方式等持较为宽容的态度。同时，这些国家在历史上更崇尚自由，拥有相对健全的民主与法律制度及自由、多元的社会环境。华人在这些国家更容易得到本土居民的接纳。从现实原因来说，英法等国奉行较为宽松和自由的移民政策，对于非法移民的政策也相对温和，华人更愿意来到这些国家创业发展。同时，英法等国的外来移民比例相对较高，多元文化主义是其基本国策，华商拥有相对更有利的创业环境。与之相比，德国在与外来文化的交往中显得经验不足。

其二，在德华商企业规模小。在德国，专门以华人为服务对象的华商产业尚不发达。中餐馆的主要顾客群是德国人。华人旅行社一方面从事来德中国旅行团的接待业务，另一方面则

---

① 张宝华:《欧洲新华商经济活动研究》，暨南大学硕士学位论文，2006年，第21页。

是向德国人出售机票。由于价格较高，中医诊所和亚洲商店的主要顾客也是德国人。造成这一现象的原因是多方面的，但首要原因是，在德国的华人规模不大，且居住并不集中，他们受到了德国主流文化、生活方式和德国社会的更强烈影响。德国政府历来致力于防止出现所谓的华人社区，而是主张把华人和其他少数族群一样，分散到联邦各地定居。

上文所述的旅行社、翻译社、报社等多是为了服务华人，但这些行业规模都较小，被主流经济体系排斥在外。它们大都雇用同胞——华人，因此成为一个相对封闭的华人劳动力就业市场。除此之外，一些特别的企业，如亚洲理发店和提供原汁原味中国传统餐饮的中餐馆并不具有代表性。由于华人数量少，顾客也太分散，且购买力和消费能力较低。这也一定程度上制约了整个在德华商企业的规模化发展。

三、德国华商群体的发展趋势

德国华商群体一路走来遭遇过许多困境，如德国政府早期限制华人经营范围；[1] 德国当局颁布严苛的移民法规、居留法等，将很多华人拒之门外。除外部环境的限制外，在德华人及企业也出现过越轨乃至违法行为，如洗钱、开地下钱庄、非法赌博、产品以次充好、偷税漏税、打黑工、非法居留和违反劳

---

① 王辉耀、康荣平主编：《世界华商发展报告（2017）》，北京：中国华侨出版社，2017年，第107页。

工法，等等。① 但这些现象与在德华人总量相比还是很小的，华商在德国的总体形象是良好的。当前，在面临诸多困境的同时，德国华商处于持续发展上升的阶段。

其一，行业转型升级。早在晚清，清政府为创建海军、壮大军事力量，就已派遣一批留学生去往德国。进入 21 世纪后，越来越多的中国学生选择到德国留学进修，在德留学生有不少人毕业后进入德国劳动力市场。由于长期在德国学习，很容易拿到长期或永久居留签证并适应当地的环境，他们成为华商群体的新鲜血液。与此同时，传统的中餐馆等附加值低的家族企业正不断实现现代转型，一方面由于这些家族企业管理结构过时、经营理念不合理，另一方面在于越来越多的年轻二代、三代移民不愿意承继父辈从事的不太体面的传统行业，但将之抛弃又会面临各种压力。因此，华商企业在新移民主持下会不断转型升级，实现现代化改造。

其二，经营模式创新。新冠肺炎疫情暴发以来，德国华商企业面临重重危机，多数企业出现亏损、裁员，部分面临破产。德国莱茵之父集团董事长房心如提出，德国华商应适时调整传统经营方式，学习中国企业的运营模式和互联网应用的相关经验，或许可以降低疫情带来的损失。② 拿餐饮业来说，首先要减少雇工，减轻人力成本；其次要利用互联网优势，增强

---

① 何志宁：《华人族群及与德国社会的整合》，北京：人民出版社，2012 年，第 56-60 页。

② 邢菁华：《全球抗疫命运与共，华侨华人共克时艰——'海外华商谈抗疫'在线观察系列活动综述》，《华侨华人历史研究》2020 年第 2 期。

创新意识，推广外卖配送服务以维持收支平衡。未来的德国中餐业应将线上与线下服务结合起来，推进菜品的精细化和标准化，提高配送的精准度和速度。疫情必将推动华商群体加快企业转型、升级，"线下"将与"线上"联合得更紧密，产业互联网化、智能化、商业模式创新将成为趋势。

其三，迎来新的发展机遇。在"一带一路"和全球化背景下，德国华商会面临良好的发展机遇。从中德关系发展看，2014年中德建立全方位战略伙伴关系以来，两国关系得到长足发展，合作广度和深度达到前所未有的水平。2017年两国总理会晤，本着互利共赢精神，将"中国制造2025"与德国"工业4.0"更好对接，推动中德全方位战略伙伴关系再上新台阶；其次，中德两国位于丝绸之路经济带两端，是亚欧两大经济体和增长极，两国联手拉动亚欧两大市场的潜力巨大。"一带一路"倡议有助于推动中德双边经贸投资、合作，符合两国共同的利益需求，华人企业若能抓住机遇进行传统产业转型升级，将开拓更多市场。

四、结语

德国华商群体的奋斗历史已百年有余。早期移民艰苦创业，囿于语言和职业能力，始终未能真正融入德国主流社会。新一代移民和华人新移民，在受教育程度、社会融入能力等各方面都有了较大提高，华商企业由此更加多元，管理模式不断升级。从总体来看，欧洲华商仍存在分布相对较散、在华侨华

人中占比较高、社会融入与政治参与水平较低等特点。[①] 德国华商群体也沿袭了这些特征，并体现出鲜明的自身特点。在德华商数量少，居住分散，凝聚力不强，尚未形成稳固强韧的社会关系网络。华商经济在短期内较难整合进德国主流经济和社会。这些因素决定了德国华商群体的整体发展尚落后于英法意等国。其关键原因就在于德国华商尚缺乏必要的社会资本。除个人的勤奋精神、能力和专业知识外，社会资本也是推动其与主流经济融合的重要因素。这一状况在短期内不太可能有所好转，华商群体仍需时间来壮大实力，以便获得融入德国社会的社会资本。

当然，德国华商群体也有自身的优势。相对来讲，在德华商群体中具有留学背景的高技术移民群体所占比例较高，这得益于德国先进的教育水平和人才吸纳政策，这一高素质群体有望为德国华商带来新生。因此，尽管华商群体融入德国主流经济与社会仍须时日，当前新冠肺炎疫情带来的困难也尚待缓解，但从长远来看，随着华商企业不断转型升级和中国"一带一路"倡议等带来的机遇，德国华商群体将不断发展壮大。

作者简介：卓浩，男，江苏师范大学历史文化与旅游学院硕士研究生，主要研究方向为欧洲史、华侨华人史；邵政达，男，江苏师范大学历史文化与旅游学院／华侨华人研究中心副教授，历史学博士，硕士生导师，主要研究方向为欧洲史、华侨华人史。

---

① 邵政达：《中国大陆学界欧洲华商研究述评》，《八桂侨刊》2019年第1期。

十月革命以来旅俄华商群体的衰亡与重生

——以跨国主义为视角 [①]

谢　倩、邵政达

摘要：十月革命后，受政治局势和意识形态的影响，沙俄时期的华商群体走向衰亡，直到中国大陆改革开放后，旅俄华商群体才得以复生。20 世纪 80 年代，"倒爷"是这一群体重生初期的特殊形态。苏联解体后，俄罗斯新华商群体迅速兴起。受新时期中俄两国政治、经济和社会环境变化的影响，该群体的特征主要表现在以下几点：在行业上集中于批发、零售贸易；经营场所集中于远东和莫斯科等地的大型市场；对俄罗斯的归属感及社会融入度较低，同祖居国关系更为密切；旅俄华商整体上行事较为谨慎、低调。

关键词：十月革命；苏联解体；俄罗斯华商；新华商群体

---

①　本文系 2017 年度国家社会科学基金重大招标项目《世界华商通史》（六卷本）"（项目号：17ZDA228）的阶段性成果，并得到江苏省研究生科研与实践创新计划项目"跨国主义视角下俄国远东地区华人经济研究（1860—1917）"，（项目号：KYCX20—2199）的资助。

作为我国的主要近邻与战略伙伴之一，俄罗斯与中国经济、政治和文化各方面往来十分密切，而作为中俄经济的重要纽带，华商在两国贸易中扮演了重要角色。华商自19世纪中期因中俄相关条约的签订进入俄国远东地区，到20世纪90年代初期苏联解体后新华商群体重现俄罗斯历史舞台，发展历程已百余年。目前学界虽对俄罗斯华商群体有一定关注，但较多集中于19世纪后期至20世纪初俄国远东地区华商群体发展历程的研究，如张宗海等主要研究19世纪后期中俄两国政策对远东地区华商的影响，指出一战前沙俄远东政府的限制是旅俄华商难以继续立足的主要原因之一；孟欣等梳理了清末民初俄国远东地区华商的兴衰，强调华商在中俄贸易中的突出贡献。[①] 还有部分学者致力于对俄特定地区华商群体的研究，如荆宇航阐述中俄冲突下黑河地区华商商会的发展；张红结合问卷调查分析了莫斯科华商面临的困难；于涛从本土适应性的视角讨论了莫斯科华商群体的发展与特征。[②] 总体来说，学界对俄罗斯华商群体的研究呈阶段性和地区性的特征，整体性的研究和梳理尚有欠缺。本文以跨国主义为视角，梳理十月革命以

---

① 张宗海、杨昕沫：《俄国割占黑龙江—乌苏里江地区后当地华人商业的形成和发展》，《西伯利亚研究》2008年第4期；张宗海、张临北：《19世纪末至20世纪初华商在俄国远东地区的形成和发展》，《俄罗斯研究》2015年第2期；孟欣、宁艳红：《清末民初旅俄华商的兴衰历程》，《南方论刊》2014年第12期。

② 荆宇航：《近代中俄冲突背景下黑河地区中国商人群体研究》，中国政法大学硕士学位论文，2016年；张红：《浅析旅俄华侨社群的构成特点及经商活动——莫斯科华侨社群的问卷分析》，《华侨华人历史研究》2002年第4期；于涛：《莫斯科华商——一个跨国迁移群体的适应行动》，中央民族大学博士学位论文，2013年。

来俄罗斯华商群体的变迁，并就苏联解体后新华商群体的特征进行分析。

一、苏联时期旅俄华商群体的衰亡与重生

19世纪中期以来，以远东地区华商为主体的在俄华商群体一度呈现良好的发展态势，[①] 但十月革命后迅速衰落。不仅生产经营规模萎缩，而且生存境遇急转直下，逐渐失去此前在俄华人社会中的主体地位。综合而言，华商的生存发展境况与苏维埃政府对华政策以及中苏两国关系密切相关。

20世纪20—40年代，苏俄政府限制并打压华商。十月革命后，苏维埃政府在莫斯科宣告成立，并实行战时共产主义政策，取消一切商品货币及市场关系，苏俄境内工商业发展陷入停滞。至1920年，俄国远东地区为缓和日苏关系而宣告成立"远东共和国"。[②] 这里是华商聚集最多的地方。为恢复战后经济，远东共和国也推行战时共产主义政策，通过实行粮食贸易垄断制和实物劳动报酬制，造成货币大幅贬值，大量华商店铺关闭。[③] 之后，随着苏联国家建设的推进，有产阶级不断被打压，华商群体作为外来资产者的代表，自然成为重点打击对象，华商财产大多在集体化过程中被没收。部分华商被罗织

---

① 谢倩、邵政达：《19世纪后期俄国远东地区华商的兴起及影响》，《华侨华人研究》（辑刊）2019年。

② 远东共和国：1920—1922年俄远东地区建立的具有缓冲性的国家，受苏俄政府控制。

③ 初祥：《远东共和国的货币流通》，《西伯利亚研究》2003年第1期。

各种罪名，诸如社会危险分子、日本特务等，一些人被遣送回国，另一些人则受到监禁，甚至枪决和流放北极圈。^① 至此，兴起于 19 世纪中叶的俄国华侨华人群体走向衰落，作为其中最主要的一支，在俄华商群体一度消失在历史舞台上。

20 世纪 50—60 年代，赴苏俄的华人群体新浪潮奠定了华商经济恢复的基础。1949 年中华人民共和国成立，中苏关系进入一个空前良好的氛围。在两国进行政治外交等多方面密切交流的背景下，新一轮移民潮出现。据俄官方数据统计，20 世纪 50—60 年代共有 11000 多名中国学员在苏联各个教育机构接受教育和培训，这些学员多为工人、工程师或其他高级技术人员，成为本次赴俄移民浪潮的主要组成部分。^② 虽然此次赴俄人员以留学生、工人及技术人员为主，但此次移民浪潮的交流互动有力推动了两国经济贸易的全面开展。中国除从苏联进口机器设备等有关工农业生产与社会主义建设的物品外，还向苏联出口各种农、副业产品，矿产品和工业品，如大豆、茶叶、丝绸、锡等，促进苏联国民经济的发展和人民生活水平的改善。^③ 尽管这一时期中苏两国的贸易行为都由国家层面主导，但贸易往来并未中断，且两国在进出口贸易中形成的传统为之后华商经济的恢复提供了市场基础。

---

① 数据转引自赵俊亚：《旅俄华人研究》，吉林大学博士学位论文，2007 年，第 91 页。

② ［俄］M.C. 卡门斯基赫：《20 世纪 50 年代—60 年代中期俄罗斯乌拉尔地区华人研究》（一），臧颖译，《黑河学院院报》2018 年第 4 期。

③ 孟宪章：《中苏贸易史资料》，北京：中国对外经济贸易出版社，1991 年，第 579 页。

20 世纪 60 年代至 80 年代，中苏两国关系恶化，经济和文化交流几乎中断了，在苏华人数量锐减。据苏联官方在 1970 年、1979 年和 1989 年的人口普查数据，苏联华人数量分别为 14681 人、12021 人和 11355 人，其中俄罗斯共和国的华人数量分别为 7987 人、5743 人和 5197 人。[①] 虽然这一时期在俄华人数量锐减，但我国在 70 年末实行的改革开放为广大海外华侨华人带来重要发展机遇，"倒爷"这一特殊群体逐渐成为中俄民间贸易往来的沟通桥梁。

"倒爷"，意指倒卖东西的人，是产生于我国 20 世纪 80 年代初的特殊商人群体，源于我国从计划经济向市场经济转变时的特殊现象，主要利用计划内商品价格高和计划外商品价格低的差价，通过在市场上倒卖商品获利。后因我国价格双轨制的取消，"倒爷"便将视野转向极度缺乏轻工业品，特别是日常生活用品的俄罗斯。早在 20 世纪 80 年代，中俄边境贸易在我国黑龙江等与俄罗斯接壤地区就已经相当兴盛，俄罗斯"倒爷"更是遍布当地许多村庄。[②] 尽管 80 年代后期中苏关系趋于缓和，但这一时期华侨华人群体在俄境遇仍然艰难，而具有商人性质的"倒爷"及其经济的兴起，在一定程度上推动了俄罗斯华商群体的复兴。

总的来讲，十月革命后至苏联解体，受政治局势和意识形态的影响，沙俄时期的华商群体走向衰亡。此后虽然经历中苏

---

① 数据转引自赵俊亚：《旅俄华人研究》，吉林大学博士学位论文，2007 年，第 105 页。

② 谢良兵：《从倒爷到华商》，《传承》2008 年第 3 期。

关系的蜜月期，在俄华侨华人群体一度得以喘息，但俄国华商群体直到中国改革开放后才再度出现。20 世纪 80 年代，华商在苏联政府的高压政策下，凭借过人的生意头脑寻找生存发展的时机，"倒爷"则成为俄罗斯华商在特殊时期下的特定身份。

二、苏联解体后新华商群体的兴起

新华商来源于改革开放后的新移民群体。同早期移民相比，改革开放后的移民群体无论是受教育程度、专业技能水平、语言沟通和文化适应能力，还是经济基础等各方面都有了较大提高，因而称之为新移民。[①] 来源于新移民的华商群体被称为新华商。新华商群体不仅为俄罗斯市场注入活力，同时也是中俄两国贸易合作和友好互动的见证者。伴随苏联解体后华人赴俄移民潮的出现，俄罗斯新华商群体逐渐兴起。

新时期出现的移民潮基于多重因素。就经济角度而言，1991 年苏联解体，俄罗斯联邦正式成立，并废除苏联时期的政治经济体制，实行自由贸易与市场经济，为商人与企业开展活动提供了有利环境。与此同时，20 世纪 90 年代正值我国改革开放的新阶段，此时中国经济不断崛起，开放战略持续推进，并同俄罗斯在经济结构上形成明显的互补性——俄罗斯的军事工业、重工业非常先进，但与人民生活息息相关的轻工业

---

① 邵政达:《中国大陆学界欧洲华商研究述评》,《八桂侨刊》2019 年第 1 期。

严重落后，为华商填补俄罗斯市场的空缺提供了有利条件。就人口角度而言，俄罗斯地广人稀，自苏联解体后更是造成大批人口迁出，人口数量的下降呈常态化趋势，而人口作为劳动力的来源，是经济发展的第一要素。为推动经济发展，俄罗斯政府迫切要求吸收移民，中国作为世界上人口最多的国家，劳动力市场庞大。同时，中国与俄罗斯比邻而居，中国人赴俄较为便利。据中国官方统计，1993 年中国有 75.1 万人次前往俄罗斯，1997 年为 44.9 万人次，在中国居民远赴俄罗斯的重要动机中，追求高额收入约占 1/3。[1] 在国外市场的吸引与国内移民潮的推动下，俄罗斯新华商群体应运而生。

较之传统华商，俄罗斯新华商群体在行业分布上更为多元化，除传统的零售批发贸易业外，新华商在中餐业、新闻业等服务行业中都有涉猎。就零售批发业而言，20 世纪 90 年代初期，在华侨华人较为聚集的莫斯科就有约 10 万名个体华商，这部分华商多集中在莫斯科南部大环路旁的艾米拉市场和东北区的切尔基夫市场，批发或零售来自中国的服装、鞋帽等日用商品。[2] 华商因物品种类丰富、价格低廉，在俄罗斯市场中占据一席之地。

此外，中餐业等服务行业也成为俄罗斯新华商涉足的领域。尽管同西欧以及南欧国家相比，俄罗斯中餐业发展较为迟

---

① 张红：《浅析旅俄华侨社群的构成特点及经商活动》，《华侨华人历史研究》2002 年第 4 期。

② 方雄普、李斌斌：《俄罗斯及中亚东欧华侨华人史话》，广州：广东教育出版社，2019 年，第 65 页。

缓，但此时也有一批较有影响的中餐馆，如开设于1998年并坐落在圣彼得堡繁华的商业中心谢拿广场附近的北京饭店，就曾获得过俄罗斯餐饮业最高荣誉奖"金仙鹤"。不同于西欧国家中餐行业以粤菜为主的特点，北京饭店的主要菜系为味浓汁厚的北方菜系，深受俄罗斯当地居民欢迎。①华文媒体也是新华商的重要选择行业。20世纪90年代，俄罗斯新闻行业出现一批华文报刊，如创刊于1996—1999年的《路讯参考》《莫斯科晚报》《莫斯科华人报》《俄罗斯龙报》等。俄罗斯华文传媒多由华商兴办，主要面向在俄华人，且发行地点多集中在民营企业聚集圈。②

不仅如此，新华商的经营规模也有较大改变。受资金限制及传统影响，在俄华商的基本经营模式主要以个人创办经营和家庭企业型为主导，截至1998年1月1日，在俄罗斯劳动就业管理局已有1630家中资企业实行注册登记。③尽管这些华商企业的规模水平参差不齐，但较之前期在俄华商以走街串巷为主、辅以开设店铺的交易方式，已经具备现代企业的竞争性质与行业规模，不仅有利于俄罗斯新华商占据市场份额，也促进其整体的发展。

新华商群体在俄罗斯迅速发展的同时，也面临着诸多挑战。华商首要面对的是俄罗斯民族的排外心理。据俄罗斯科学

---

①　凡尘：《华人餐饮业在圣彼得堡》，《大陆桥视野》2006年第9期。

②　王忠：《俄罗斯华文传媒的现状与影响》，《中国报业》2011年第7期。

③　张红：《浅析旅俄华侨社群的构成特点及经商活动》，《华侨华人历史研究》2002年第4期。

院远东分院历史研究所所长维克多·拉林统计，俄罗斯各报刊1993—1995年间刊登了150多篇提醒"黄祸"复燃的文章。[1]俄罗斯排华由来已久，而"黄祸论"可视为"中国威胁论"的最早版本，早在19世纪后期就曾于俄国境内蔓延。彼时因为远东地区华工群体的逐渐壮大，使得俄国人担心没有把握"同成千上万朴素、驯良、惊人地节减、聪明、熟练的中国工人相竞争"，害怕"在白种人和黄种人并肩生活和工作的地方，经济力的优势就慢慢地转入亚洲人的手里"。[2]新时期，随着俄罗斯经济下滑以及大批华侨华人涌入俄罗斯，民族主义思想重新抬头，排华势力卷土重来。与此同时，1991年苏联解体后，国家财富分配不公，公务人员工资极低，贪污腐败、官商勾结事件经常发生。俄罗斯政府公务员的索贿现象特别严重，经常通过设置屏障，甚至明目张胆地敲诈勒索，刁难外籍商人，以此强行索要贿赂。[3]华商群体自然也不例外，深受索贿威胁与伤害，此举严重影响华商在俄正当权益。不过这一时期也确有华商贸易行为失当之处，部分华商利用俄罗斯市场监管体制的不完善，出现以次充好、销售假货的现象，不利于自身的长远发展。

总之，新华商群体在我国改革开放和苏联解体的历史进程

①　邓兰华、张红：《俄罗斯华侨华人与俄联邦的移民政策》，《华侨华人历史研究》2005年第2期，第33页。

②　吕蒲、张振鹍：《"黄祸论"历史资料选集》，北京：中国社会科学出版社，1979年，第189页。

③　冯敏：《转型以来俄罗斯反腐败研究》，南京师范大学硕士学位论文，2012年，第21页。

中产生并兴起，在中俄两国经贸往来中扮演重要作用。俄罗斯新华商在行业构成与经营规模上都有了较大提升，不仅从事贸易业，还在餐饮业、新闻业等服务型行业有所涉猎，且部分华商企业已经具有现代企业性质，在市场竞争中占据一席之地。但新华商群体同时面临着俄罗斯民族排外心理、市场监管不完善等不利因素，如何摆脱发展困境是目前俄罗斯新华商亟须解决的关键。

三、俄罗斯新华商群体的特征

相较于欧洲其他地区华商发展的连续性，十月革命以来在俄华商遭到沉重打击，直到 20 世纪 90 年代初期苏联解体才得以复兴。因其在欧洲华商史中较为独特的发展历程，所以这一时期俄罗斯华商具备几点独特之处。

首先，俄罗斯华商在产业结构上以商品批发、零售贸易为主，且主要聚集于大型市场。较之欧洲其他地区华商以餐饮业为主要经济支柱，俄罗斯华商自产生时便以从事零售批发贸易为主，且多为日常用品的交易。以滨海省早期华商为例，从粮食、肉类、蔬菜等生活必需品，到小本市场上的货摊，以至省内主要城市，甚至乡村常设商店，到处都可见中国人。①新时期的俄罗斯华商也延续这一传统，仍以生活用品的批发、零售为主业。这同俄罗斯本国的经济情况有密切关系。俄国远东地

① ［俄］翁特尔别格：《滨海省 1856—1898》，北京：商务印书馆，1980 年，第 190 页。

区地处高纬度，气候寒冷，物资匮乏，生活条件相对恶劣，人民对于生活用品需求较高。但苏联时期过于重视发展重工业，导致全社会轻工业用品供应不足，加之苏联解体前后经济发展迟缓、社会动荡，人们日常生活用品严重短缺。远东地区更是因内外资同时供应不足的情况而更为严重。在此背景下，华商更易在俄罗斯市场占据一席之地。

另外，华商在俄的经营活动主要集中于一些大型市场，如莫斯科的切尔基佐夫大市场、布拉戈维申斯克的中国大市场、伊尔库茨克的上海大市场等。大市场初期通常只是一片空地，用于将大街和旧货市场上流动性的商贩集中管理。随着商品的大量涌入，市场管理部门逐渐规范场地，而后又搭起了棚子，最后则几乎全部变成了金属集装箱和精品屋商店。[1] 这些集装箱市场不仅为华商的集中经营提供场所，促进华商网络的形成，也同时为"灰色清关"[2] 提供便利，清关后的中国商品可集中运输到集装箱市场，进一步降低货物交易成本。

就地区分布而言，俄罗斯华商多集中在远东地区和莫斯科。远东地区因地理交通优势，自19世纪后期便一直是华商的"大本营"。改革开放后，受黑龙江开放口岸的影响，进入远东地区更为便利。至2005年，前往远东地区的中国人约有10万—20万人，其中90%的人来此目的是经商。作为远东地

---

① 《俄罗斯是华商投资的下一个目标》，《经理日报》2006年8月27日，第001版。

② "灰色清关"是苏联解体后俄罗斯进口的重要路径。因俄当时商品供应极为紧张，且海关手续烦琐，为鼓励进口，俄罗斯海关委员会允许所谓的"清关公司"为货主代办进口业务，有利于降低进口商品成本和加快流通速度，但其本质上是一种违法活动。

区的主要城市，布拉戈维申斯克至少有 1 万多名华商；哈巴罗克斯有 2000 多名华商。[①] 莫斯科也是华商聚集的主要地区，早在 20 世纪 90 年代初已经有约 10 万名个体华商。[②]

其次，新华商群体对俄罗斯的归属感及社会融入度较低。相较于其他欧洲国家，旅俄华侨较难长期居留，加入俄籍者甚少。根据历年来俄罗斯的年度统计报告，1992—2006 年的 15 年间共有 1.7 万中国公民移居到俄罗斯永久居住，每年不过千余人。[③] 华商群体也不例外。据相关调查结果显示，华商对在俄罗斯进行购买房地产等固定资产的投资总体持悲观态度。[④] 华商认为俄罗斯并不适宜进行固定资产的投资，也不愿意通过购置房产进行长久居住。

相比之下，俄罗斯华商对祖居国的认同更为强烈。中俄两国比邻，有着 4300 公里的漫长边境线，加之交通便捷，华商来往于两国之间非常方便。华商往往从中国运输货物前往俄罗斯销售，早期的"站台贸易"即很多货物在中国通往莫斯科的火车或站台上即可卖完。随着专业运输公司的出现和实施"包机包税"的方式，从中国运输至俄罗斯的货物也越来越多。[⑤] 由于俄罗斯华商立足于中国的特点，其在俄贸易获取的资金也

①　方雄普、李斌斌：《俄罗斯及中亚东欧华侨华人史话》，广州：广东教育出版社，2019 年，第 65 页。

②　宁艳红：《旅俄华侨史》，北京：人民出版社，2015 年，第 338 页。

③　宁艳红：《旅俄华侨史》，北京：人民出版社，2015 年，第 341 页。

④　赵俊亚：《旅俄华人研究》，吉林大学博士学位论文，2007 年，第 114 页．

⑤　于涛：《莫斯科华商——一个跨国移迁移群体的适应行动》，中央民族大学博士学位论文，2013 年，第 36 页。

多流入中国，如 1995 年在布拉戈维申斯克创立华富商业建筑有限公司的何文安，在多年辛苦运营后，将大笔资产用以在黑河市投资。[①] 就社会生活而言，旅俄华商除工作外，活动范围大多局限于华人社会圈。有俄罗斯学者指出，语言不通及社会普遍排外是华人移民对俄罗斯社会融入低的主要原因，且正是由于华人移民缺少对俄罗斯社会的正常适应，其群体内部的联系才得以维持。[②] 除工作外，华商较少参加本地的文化娱乐等社会活动，仅对华人社团组织的活动表现积极。[③]

最后，俄罗斯华商行事较为谨慎、低调，以此应对俄罗斯不利的经商环境。除苏联解体后的发展红利期，华商在俄的发展遭遇诸多不利因素。据统计，在 1994 年至 1995 年间，在俄罗斯境内发生的犯罪案件中，针对中国公民共有 1938 起，而仅 1995 年上半年的 5 个月间，远东地区就发生 278 起杀害中国公民的案件，死亡 320 人。1998 年滨海边区发生 71 起针对中国公民的犯罪案件。[④] 除却人身安全问题，俄罗斯华商还需面对黑社会组织的威胁。俄罗斯光头党和黑手党作为当地最大的黑社会组织，自 20 世纪 90 年代初期产生以来，已发展成

---

① 宁艳红：《黑水为证：旅俄华侨的历史记忆》，北京：社会科学文献出版社，2018 年，第 287-289 页。

② 李传勋：《俄罗斯远东地区的所谓中国"移民"问题》，《俄罗斯中亚东欧研究》2009 年第 6 期。

③ 于涛：《莫斯科华商——一个跨国迁移群体的适应行动》，中央民族大学博士学位论文，2013 年，第 52 页。

④ 张杰：《在俄华人华侨华企的安全保护与中俄警务合作》，《国际安全研究》2018 年第 6 期。

为组织严密的跨国犯罪集团，控制着全国 4 万家公司和 1/3 以上的国有银行，俄罗斯 80% 的企业都程度不同地要受其"保护"。[①] 面对社会不安因素，俄罗斯华商只能更为谨慎低调行事，尽力避免因张扬而成为不法分子的目标。

另外，受"灰色清关"的影响，部分华商在俄经营未得到法律保护，只能更加谨慎地面对各方刁难与威胁。从事贸易的华商经常被警察查抄货物、没收现金，或者以没有营业执照及违法经营等理由大批查封、拉走货物。[②] 近年来，俄罗斯政府为规范市场秩序，更是下令查封切尔基佐夫市场和 115 个类似市场，甚至禁止外国人从事零售业，进一步挤压华商在俄的生存空间，部分华商不得不委曲求全，甚至通过将生意挂名俄罗斯人的方式继续经营。[③]

相较于其他地区的华商群体，俄罗斯华商在发展中已具备自身特色。就产业结构而言，俄罗斯华商以批发、零售贸易为主要经济支柱，经营活动主要集中于一些大型市场，且多分布于远东地区与莫斯科等地。另外，俄罗斯华商对俄罗斯的归属感及社会融入度较低，同祖居国关系更为密切。此外，由于俄罗斯相对不太安全、稳定的商业环境，在俄华商行事较为谨慎低调。

---

① 龚泽宣：《俄罗斯民主化时代的政治腐败——再论"民主不是万应灵丹"》，《东南亚研究》2006 年第 1 期。

② 宏华：《俄罗斯华人华企的现状与当地经济的关系》，《俄罗斯中亚东欧市场》2011 年第 1 期。

③ 《百万华商揪心俄罗斯小额零售业"急冻令"》，《第一财经日报》2006 年 12 月 12 日，第 A01 版。

总的来讲，十月革命以来，旅俄华商从衰亡又走向重生。随着中国改革开放后国内市场经济的日益活跃，"倒爷"经济的出现成为旅俄华商群体复兴的萌芽和新华商群体兴起的基础。苏联解体后，俄罗斯复杂的市场环境在为华商群体复兴带来新机遇的同时，也带来诸多挑战。加之俄罗斯独特的政治和社会环境，旅俄新华商群体具有一些区别于其他欧洲国家的显著特征。值得一提的是，不同于其他华人聚集的国家，俄罗斯至今未出现"唐人街"性质的大型华人聚居社区，正是由于缺乏强大的本地华人社会这一基础，旅俄新华商群体构成俄华社会的主体力量之一，其未来发展道路充满更多不确定性。

作者简介：谢倩，女，江苏师范大学历史文化与旅游学院硕士研究生，主要研究方向为欧洲史、华侨华人史；邵政达，男，江苏师范大学历史文化与旅游学院／华侨华人研究中心副教授，硕士生导师，主要研究方向为欧洲史、华商史。

侨务工作与"一带一路"建设研究

菲律宾的侨务资源与侨务政策评析 ①

康晓丽

摘要：通过合适的侨务政策服务国家发展战略是菲律宾政府侨务施政的考量标准。菲律宾侨务资源丰富，集中分布在美国和中东各国，为菲律宾侨务公共外交建设奠定了良好的基础。菲律宾涉侨政策、措施较多，通过服务高技术移民和规范劳工移民处理与美国和中东各国的关系，菲律宾侨务施政发挥了重要的作用。菲律宾通过满足海外同胞需求、健全侨政法律法规支撑、重视海外同胞权益保护等积极的侨务施政，为菲律宾赢得良好的国家形象和国际环境发挥了积极作用。尤其值得注意的是，菲律宾侨务公共外交服务国家战略的成效明显，建立了广泛分布住在国的宗教、社会、文化网络，为菲律宾创造了良好的国际形象和软实力基础。

关键词：侨务资源；侨务政策；菲律宾

125

① 本文系福建省社科规划一般项目"'一带一路'沿线相关侨务资源大国侨务政策比较研究"（FJ2018B042）阶段性成果。

侨务工作与"一带一路"建设研究

华侨华人研究

因全球移民发展的新特点以及各国对人力资源的需求变化，主要侨务资源大国均适时调整侨务政策，服务国家发展战略。[1] 从全球范围看，约61%的国家政府实施保持接收一定规模移民的政策，且将满足劳动力需求作为政策优先的关注点，借助移民政策吸引高技术移民的国家数量迅速增加，超过一半的国家推出促进移民融合的政策，基本上所有的国家均采取措施防止非法移民。[2] 针对全球侨情的巨大变化，主要移民接收国普遍对入境移民的融入、打击非法移民、安置难民、鼓励高技术移民等采取适合本国国情的政策措施。主要侨务资源大国更是在精准把握侨情和调研海外同胞需求的基础上，在保障海外同胞基本权益、加强对弱势群体的关怀和扶助、涵养侨务资源服务国家发展战略的专项资助等方面采取一系列有助于建立良好纽带关系的举措，视其为重要的侨务公共外交资源，引导海外同胞心系母国，较好融入住在国，与母国共成长。

近年来，印度、俄罗斯、菲律宾、以色列、韩国、摩洛哥和土耳其等典型侨务资源大国均与时俱进调整侨务政策服务国家发展战略，侨务政策逐渐成为主要侨务资源大国发展本国社会经济、推进与侨居国关系和改善国家形象的主要手段，为推动学术理论创新提供了丰富的实践基础。基于侨务政策在推进

---

[1]　侨务资源大国，指海外同胞众多（与祖国人口相比）并与祖国发展保持密切关系的国家。并非所有拥有大量海外移民及其后裔的国家都是侨务资源大国。如意大利、德国、西班牙、葡萄牙等欧洲国家，虽然其海外裔群人口数量接近乃至超过母国，但无论作为个体或裔群，与母国并无密切联系，与母国社会的发展相关度不大。

[2]　*International Migration Policies*：*Data Booklet*（*ST/ESA/SER.A/395*），United Nations，Department of Economic and Social Affairs，Population Division，2017.

国家重大战略中的影响力以及海外侨胞已经成为影响国家间关系的重要力量，作为侨务资源大国的中国，研究和借鉴相关侨务资源大国的侨务政策和侨务施政，归纳全球侨政普遍规律及对中国侨政启示，具有较大的学术和现实价值。

一、研究缘起

当前，国内对外国"侨务政策"的研究高度集中在其移民政策方面，而非对其侨务政策的探讨。在对国外侨务资源大国的侨务政策研究方面，国内仅有少数学者关注单个国家的侨民政策，如张秀明、陈昌阳、丘立本、康晓丽探讨了印度政府从法律法规、行政机构、政策措施等方面为海外印度人创造优惠条件，吸引更多的海外印度人投身印度国内经济建设，为印度发展作贡献。①李明欢、庄国土、肖斌认为俄罗斯和以色列的移民政策更凸显族群因素的影响，借助海外同胞在远东地区和中东地区建立"安全带"，同时通过宗教与海外同胞维持文化联系，与海外同胞居住国开展政治、经济、文化等交流和互动。②菲律宾政府则采取

---

① 张秀明：《移民与祖籍国的关系——美国华裔和印度裔的个案分析》，《八桂侨刊》2005 年第 4 期；陈昌阳：《印度侨务政策分析及其启示》，《成都行政学院学报》（哲学社会科学）2005 年第 5 期；丘立本：《印度国际移民与侨务工作的历史与现状》，《华侨华人历史研究》2012 年第 1 期；康晓丽：《论印度的海外印度人政策及其对中国侨务政策的启示》，《南亚研究》2013 年第 1 期。

② 李明欢：《国际移民政策研究》，厦门大学出版社，2011 年；庄国土、康晓丽：《以色列的侨务政策及对中国的启示》，《国际观察》2013 年第 6 期；肖斌：《俄罗斯侨务资源及其对远东地区的作用》，《东北亚学刊》2017 年第 2 期。

积极进取的海外移民政策，向世界各地输送大量海外移民尤其是劳工移民，同时实施保障和借重海外侨民的侨务政策，吸引更多的海外侨民参与菲律宾国内的经济社会发展。①

近年来，世界各国都在关注移民和侨民在本国建设中的作用，及时调整政策，设立相关机构，采取各种措施加强移民融入及服务海外侨民。当前，国外关于主要侨务资源大国侨务政策的研究集中在设立专门组织机构、推动海外移民回流、国籍政策研究、海外侨情调研等视角。从"设立专门组织机构，加强海内外同胞的管理"视角来看，目前已有 70 多个国家建立了官方机构并开展侨务工作，其中墨西哥、菲律宾和韩国最为全面。墨西哥设置海外墨西哥人研究院，全面评估墨西哥移民政策，菲律宾设立海外菲律宾人委员会专司为海外菲律宾人服务，韩国成立移民办公室，集中解决移民相关问题；从"出台各种政策，推动海外移民回流"视角来看，印度、俄罗斯和以色列的政策最为有效。印度通过海外印度人委员会重视海外同胞的身份认同，俄罗斯借助海外俄侨加强对远东地区的影响，以色列政府对犹太移民推行积极的融合政策；从"国籍政策研究"视角来看，印度定期介绍"印裔卡"和"海外印度人公民身份"计划执行情况，韩国国会图书馆公布韩国《国籍法》调整后至2011 年韩国《国籍法修订案》生效期间韩国国籍政策变动的历

---

① 李涛：《试论近三十年来菲律宾的侨务政策及其作用》，《东南亚纵横》2012 年第 6 期；张世平：《菲律宾社会移民文化的形成与在海外劳务输出中的作用》，《航海教育研究》2012 年第 1 期；路阳：《海外移民与跨国公民权的确立——基于印度和菲律宾两国实践的研究》，《南亚研究季刊》2016 年第 2 期。

史。从"重视海外侨情调查研究，为政府决策提供科学依据"视角来看，印度、以色列、菲律宾等国的研究相对处于前沿。这些国家定期发布调研报告，重点研究海外移民社会变迁，提升海外移民生活质量，为各国政府提供有针对性的政策建议。

综上所述，可以发现，关于菲律宾侨务政策的国内研究成果相对有限，虽有初步成果，但多侧重于从侨汇和劳工输出角度研究菲律宾的移民政策，系统全面论述菲律宾如何利用侨务资源推动国内发展和服务国家战略的成果尚且不足。国外的相关研究成果虽然比较丰富，但都是基于本国发展和侨政的需要而开展的实证研究工作，缺乏国家间的侨务政策比较研究，也缺少侨务工作自身的理论建构。为了能丰富主要侨务资源大国侨政比较研究的样本，为中国特色侨务理论与实践服务提供启示，特撰此文，系统分析菲律宾侨情现状和侨务施政新特点，以及菲律宾政府如何借助侨务公共外交涵养侨务资源服务国家战略目标，以期为我国侨务政策改革服务国家发展战略提供理论和现实的启示。

二、侨务资源形成的历史和现实进程

菲律宾侨务资源基于其历史因素的积淀，通过现实内外部环境的双重影响推动菲律宾成为当前东南亚地区最大的移民输出国。菲律宾丰富的侨务资源既有其历史的传承，更有当下重视侨务资源及侨务施政的现实影响。

（一）西班牙殖民至菲律宾独立后的移民：1565 年至 1965 年

菲律宾侨务资源形成的历史进程主要是基于西班牙殖民时期和美国殖民时期形成的移民主流，建构了当前在全球分布的大体布局。西班牙殖民时期的移民人数不多，16 世纪大帆船贸易时期，菲律宾劳工被迫在商船上工作，一小部分劳工逃跑前往墨西哥和美国新奥尔良，开启了菲律宾人向美国移民的历史。1898 年，美国打败西班牙，根据《巴黎和约》，菲律宾成为美国殖民地，随之菲律宾人享受美国公民待遇，可不受限制自由进出美国，正是这样的背景塑造了菲律宾人移民美国的传统。20 世纪初，大约上千名美西战争中的老兵、战争新娘、留学生和劳工等前往美国，主要定居在夏威夷、阿拉斯加和西海岸一些地区。1920 年至 1930 年十年间，大量菲律宾劳工移居夏威夷种植园和加利福尼亚等美国西海岸地区的农场，此阶段移民人数达到 4.5 万人。20 世纪 30 年代，美国进入大萧条时期，国会通过《泰丁斯—迈克达菲法案》，控制菲律宾人进入美国的数量，对其执行严格的年均 50 名移民的配额政策。1946 年，美国政府对太平洋战争期间的菲律宾裔士兵给予优待，承认菲律宾人的入籍权利，至 20 世纪 60 年代，大约 1 万—1.2 万名菲律宾人移民美国夏威夷，包括劳工、士兵和战争新娘。[①] 可以看出，菲律宾独特的历史命运决定了它成为美国移民的主力群体之一，这与当前菲律宾的现实侨情一脉相承。

---

① Gibson, Campbell J. and Kay Jung, *Historical Census Statistics on the Foreign-born Population of the United States*：1850-2000, Working Paper no. 81, U.S. Census Bureau, Washington, DC, February 2006.

1965 年后，美国修改移民法案，实行移民配额制度。鉴于美国与菲律宾之间政治、军事、经济和教育等各方面关系紧密，菲律宾也积极鼓励劳工移民美国，此后到达美国的菲律宾人数呈稳步增长态势。经过菲律宾内外部环境的不断变化和移民的发展，菲律宾已成为亚洲国家前往美国移民的重要输出国，同时，大量劳工也通过各种渠道陆续向中东地区扩散。由此，奠定了菲律宾当下的侨情现实。

（二）当前菲律宾侨务资源形成的过程：1965 年至 2018 年

当前，菲律宾侨情的现实是在内外部双重因素推动下形成的一个过程。从菲律宾移民的数量、类型和分布区域来看，上千万名菲律宾海外同胞年龄和受教育程度较为多样，主要前往美国，后逐渐向中东、加拿大和澳大利亚等地扩散。

1．移民方式和移民数量

1965 年，美国《移民和国籍法修正案》颁布后，大批菲律宾劳工移民和婚姻移民前往美国。美国需要外来劳工，菲律宾需要技术，因此菲律宾通过派遣临时劳工的方式与美国签署劳工协议。协议规定，期满后，劳工将返回菲律宾，凭借新技术推进菲律宾经济发展。然而，大量的临时劳工在合同期满后并未返回菲律宾而是留在了工作地，随后又通过家庭团聚和技术移民等方式，大量菲律宾人源源不断移民至美国。1970 年，美国在菲律宾的军事和空军基地的士兵妻子开始源源不断向美国移民，年均在 5000 人至 1 万人之间。1992 年，美国关闭菲律宾的军事基地后，婚姻移民数量减少，劳工移民成为主要构成。

20 世纪 70 年代，随着中东经济崛起，海湾石油国家急需基础设施建设项目工人，菲律宾劳工陆续移民至中东国家如科威特、沙特阿拉伯、阿拉伯联合酋长国以及其他阿拉伯国家。1974 年，菲律宾政府通过《劳工法》，允许海外雇佣项目合法化，完善政策与相关国家签署劳工和权益保障协议，菲律宾海外劳工数量迅速增长，1975—2004 年，前往海外的菲律宾合同工即达 933588 人，其中海员占总数的 20%。根据联合国经济和社会事务部人口司统计，截至 2013 年，仅阿拉伯联合酋长国就有菲律宾移民 477139 人。可以说，正是由于广泛分布的菲律宾海外移民，自 20 世纪 70 年代起，侨汇成为菲律宾重要的外汇收入。20 世纪 80—90 年代后，菲律宾海外移民多以家庭团聚前往美国和中东，同时大量留学生和专业技术人员也集中移民美国、澳大利亚、英国、日本、加拿大和新西兰等国家。

根据世界银行 2011 年的统计，海外菲律宾人超过 857 万，约占菲律宾总人口的 10%。根据"海外菲律宾人委员会"（Commission on Filipinos Overseas）2014—2015 年年度报告的统计，截至 2013 年 12 月，海外菲律宾人达 1024 万，占菲律宾总人口的 11%。其中，永久移民占 48%，临时移民占 41%，非法移民占 11%。根据联合国人口计划署 2017 年统计，海外菲律宾人达 1242 万，其中美国有 6503000 人，沙特阿拉伯达 584000 人，阿拉伯联合酋长国达 539000 人，加拿大有 528000 人，日本有 239000 人，澳大利亚有 233000 人。[1]

---

[1] Jie Zong and Jeanne Batalova, *Filipino Immigrants in the United States*, March 14, 2018.

2．移民类型和移民分布

20世纪70年代起，菲律宾逐渐成为主要的移民输出国和接收国。菲律宾移民日前大体分为四类：跨境移民、非法劳工、政治避难者和难民、合法外籍移民。[①]菲律宾海外移民以劳工移民和留学生为主，家庭团聚类移民为辅，主要集中于亚洲和北美，亚洲海外菲律宾人则主要分布在西亚石油国如沙特阿拉伯和阿拉伯联合酋长国等。截至2013年，排名前十的海外菲律宾人目的国是：美国、沙特阿拉伯、加拿大、马来西亚、澳大利亚、意大利、卡塔尔、阿拉伯联合酋长国、英国和新加坡。[②]

菲律宾的非永久性移民大多是劳工，菲律宾海外劳工（Overseas Filipino Worker，OFW）质量闻名遐迩，尤其是从事家庭服务的女性劳工，其他还包括医药、技术、管理、销售、农业生产等服务行业。根据菲律宾统计局2017年对海外菲律宾人的最新调查显示，移民劳工主要从事的行业为初级劳工、工厂和机器操作员、工艺相关人员、服务业和销售人员，四项占比超过78%。从性别分布看，女性劳工移民比例大于男性，分别是53.7%和46.3%，其中又以初级劳动力、服务业和销售人员中女性占比最多，超过79%。从年龄分类来看，普遍是中青年劳动力，45岁以下的劳工占比82.6%，这些移

---

① Stephen Castles, *Comparing the Experience of Five Major Emigration Countries*, International Migration Institute Working Papers, 2007.

② Commission on Filipinos Overseas Compendium of Statistics on International Migration, 2014.

民劳工大多是临时移民，是菲律宾侨汇的主力。

海外菲律宾人对祖籍国的社会经济发展作出了巨大贡献，2010年菲律宾得到的海外汇款达到187.62亿美元，占GDP的21%，仅次于印度和墨西哥，是世界上第三大海外汇款收入国。2005年—2010年，菲律宾海外汇款来源最多的国家仍然集中在美国、加拿大、沙特阿拉伯、英国、日本、阿拉伯联合酋长国、新加坡、意大利、德国和挪威。2017年，根据世界银行《移民与发展简报》公布，菲律宾侨汇收入330亿美元，仅次于印度和中国，位居世界第三大侨汇流入国，较去年增长5.3%。侨汇是菲律宾主要外汇收入来源，侨汇的方式中仍是以电汇为主，现金和实物携带为辅，且均以初级劳工行业的侨汇占比较多。然而，随着海外菲律宾劳工的不断增加和亚洲国家的兴起，中国大陆、中国香港、中国台湾、日本、韩国、新加坡、马来西亚、科威特、卡塔尔、沙特和阿联酋成为热门地，占2017年劳工总量的85.5%，成为海外菲律宾劳工的主要目的国。

此外，海湾地区国家的菲律宾同胞普遍是短期、6个月至两年，这些项目合同工的家属大多留在菲律宾，还有一些专业人才和投资者在该地区设立中小型企业投资发展。美国的菲律宾专业技术人才一般分为三类。第一类，管理、商业、科学和艺术行业的专业技术移民。根据美国官方统计，2016年，约有43%的菲律宾移民从事此类行业。第二类，服务业、销售和行政行业。美国移民局统计，从事服务业的菲律宾移民占全美菲律宾人口的24%，从事销售和行政的人数占21%。第三类，从事自然资源、建筑、维修、生产、物流和运输行业的劳工移民。菲律宾劳工在此类行业工作的人数占比 12%。[①] 通过菲律宾的移民进程可以看出，菲律宾海外同胞的规模、类型和分布与菲律宾国家的地缘政治、经济发展结构以及全球化的综合影响紧密相关。

3. 移民年龄和教育程度

菲律宾海外同胞的年龄普遍处于工作年龄阶段，这一方面与菲律宾移民的历史有关，另一方面由移民接收国的移民政策取向决定。虽然分布在不同国家的菲律宾移民年龄和受教育程度略有差异，但是菲律宾海外同胞都已成为移民接收国重要的劳动力、缓解人口老龄化和提高生育率的重要外部因素，受教育程度较高的专业技术人才更受移民接收国欢迎和青睐。

从年龄结构来看，鉴于菲律宾与美国的移民历史较长，在美第一代菲律宾人中，77% 处于 18—64 岁的工作年龄阶段，平均年龄约为 48 岁，17% 的菲律宾移民在 65 岁以上。第二代移民群体中，54% 处于 18—64 岁的工作年龄，42% 处于 18 岁以下，3% 处于 65 岁及以上，第二代菲律宾人的平均年龄为 20 岁。[②] 自 20 世纪 70 年代起，海外菲律宾人即在海湾地区国家工作，年龄结构一直保持金字塔形状，处于 20—54 岁劳动能力较强年龄段的居多，20 岁以下和 54 岁以上的占比

---

① The U.S. Census Bureau 2016 ACS.

② *The Filipino Diaspora in the United States*，RAD Diaspora Profile，MPI，July 2014，p.5.

少。[1]

　　从受教育程度来看，菲律宾海外移民普遍受教育情况良好，高于移居国平均水平，年龄为25—38岁的菲律宾移民，50%持有高等教育背景，其中25%是在菲律宾接受的高等教育。以菲律宾人居多的美国为例，大学毕业学历水平占全美菲律宾海外同胞的4%—11%，25岁以上的菲律宾人中拥有本科学历以上的占比53%，美国全国的这一比例仅有20%。9%的菲律宾人拥有硕士、博士等学位或更高的专业技术职称。同时，菲律宾人在美国的融合程度较高，在就业市场上大学以上学历人群占比较高，家庭平均收入高于美国总的家庭平均收入。[2]澳大利亚、加拿大、日本、英国等地的海外菲律宾人大部分是高等教育水平，其中45%的海外菲律宾人持有与教育相关的居住许可，这与其年龄结构相匹配，英国的海外菲律宾人25—34岁的群体占总人数的1/3。澳大利亚和加拿大高等教育学历背景的移民所从事的职业前三名均是经理、专业人才和技师，分别占所在国海外同胞的49%、35%和34%。因此，大部分的菲律宾移民在澳大利亚都是专业与技术性人士，主要从事专业健康护照、教育、工程、电脑编程、贸易、政府官员等，少部分移民从事蓝领行业，如工厂工人、餐饮业、建筑业等。相对而言，中东地区国家的海外菲律宾同胞，3/4是低技

---

　　① The Filipino Diaspora in the United States, RAD Diaspora Profile, MPI, July 2014, Appendix 2-3. www.migrationpolicy.org/about/copyright-policy.

　　② Philippine Statistics Authority, *2017 Survey on Overseas Filipinos*. https://psa.gov.ph/content/2017-survey-overseas-filipinos-results-2017-survey-overseas-filipinos.

术劳动力，65%是初级劳动力。波斯湾合作理事会的六个会员国中大量的菲律宾劳工是家庭帮佣或建筑工人，他们受教育程度不高，85%以上只有小学和初高中文化教育程度。

三、侨务施政的主要特点

就大部分国家而言，其侨务施政的范围包括三类海外同胞：保留本国国籍但定居在国外的公民（如中国法律规定的"华侨"）、已加入外国国籍的原本国公民及其外国籍后裔（如中国语境中的"华人"）、回国定居的同胞及其眷属（即归侨侨眷），他们是各国海外同胞政策针对的主要对象。[①] 就菲律宾而言，其对海外移民及其后裔的政策，立足于确定政策涵盖对象为海外同胞，视其为侨民而通常不管其国籍归属。这些海外同胞因各种原因离开祖国迁徙海外，母国的侨务政策与施政，不仅关系到海外同胞个人，还对母国和海外同胞居住国的政治、经济、文化等交流和互动，甚至地区局势起到重要的作用。总体而言，菲律宾侨务施政呈现出侨政法规化引领侨务机构设置、海外同胞权益保护是政策重点、重视海外同胞需求调整侨政的三大特点，政策变动主要基于侨务服务国家战略的现实需求。

137

[①] Zolberg，A.R.，"The Next Waves：Migration Theory for a Changing World"，*International Migration Review*，vol.23，no.3，1989，p.25.

（一）侨政法规化引领侨务机构设置

菲律宾侨政已初步形成法制化模式，即从宪法到包括侨务机构的具体政府部门的行政法令，形成了一整套法律法规体系，再由相关涉侨行政部门和政策推行。尤其值得注意的是菲律宾侨政所惠及的范围，包括那些所谓的海外非法移民或作为劳务输出的同胞。无论这些人在哪个国家，他们在当地的身份是否合法，都享有母国赋予侨民的全部权利。具体做法如下。

第一，制定了保障海外菲律宾人国内外基本权益的法律法规，并依法行使各项惠及移民的政策。最重要的是先明确了海外菲律宾人的司法解释，将海外菲律宾人的范围扩及所有拥有菲律宾血统者。随着近十几年海外菲律宾人数量激增和其与祖籍地关系越来越密切，菲律宾政府及时调整政策，颁布双重国籍法，从根本上解决困扰海外菲律宾人与菲律宾国家关系的最核心问题。根据菲律宾总统2003年颁布的《恢复公民身份国籍法》，海外菲律宾人无论其国籍如何，都可以自愿获得菲律宾国籍。同时，菲律宾政府视所有海外菲律宾人为其国民，为其提供服务和保护。

第二，以总统法令或其他法规规定海外菲律宾人的各项具体权利，如：投票权（《海外投票法案》）、拥有私人土地和房产、参与竞选担任公职（在海外从事公职或在外国军队服役的人除外）、持有菲律宾护照可免签且停留不受限的权利、海外菲律宾企业可投资特定行业的权利等。[①] 尤其值得赞许的是，

---

① 李涛：《试论近三十年来菲律宾的侨务政策及其作用》，《东南亚纵横》2012年第6期，第34页。

海外菲律宾人不用回国，即可在住在国享受由菲律宾政府提供的选举投票权利。

第三，设立了全面且高效的移民管理机构，为海外菲律宾人提供全方位服务。整体负责菲律宾移民管理事务的主要机构为海外菲律宾人委员会，隶属于菲律宾总统办公室，直接对总统及其办公室负责。菲律宾政府还在各部设立专门的移民管理机构，专司为海外菲律宾人服务。菲律宾外交部下设法律协助办公室，专门为海外菲律宾劳工提供法律咨询和协助。劳动和就业部设立海外就业管理局和海外劳工福利管理局，海外劳工福利管理局理事会成员，包括外交部副部长、财政部长、预算管理部长等各部首脑。针对海外菲律宾人海事发达和海员众多的特点，2003年菲律宾总统阿罗约发布总统令，建立了专司为海员服务的一站式服务中心，可在中心进行法律咨询、健康安全检查、招聘雇佣等求助和咨询。总统还授权劳动和就业部、外交部、高等教育委员会、专业规范委员会、国家电信委员会、菲律宾海外就业管理局、海外工人福利管理局、技术教育和技能发展局、海运业管理局、国家调查局、社会保障体系、菲律宾健康保险公司、国家统计局等各政府职能部门，协助该中心向海员提供配套优质服务。

第四，由于到海外谋生的菲律宾人越来越多，海外菲律宾人就业问题成为菲律宾政府最关注的民生问题之一。阿罗约总统曾签署《设立总统海外菲律宾人社区事务顾问及其权力、功能之界定》行政令，专设海外菲律宾人社区事务总统顾问办公室，隶属总统办公室，直接向总统负责，授权办公室就发展海

外劳务市场、保障海外菲律宾劳工权益等议题进行调研并提供政策建议。①

第五，移民管理部门根据海外菲律宾人劳工多，权利缺失严重的现状，实施多种保障海外菲律宾人的政策。（1）管理菲律宾劳工就业的措施：进入私营部门就业的许可制度、雇员注册和劳工存档制度、海外菲律宾人网络化制度包括网络通信、网络注册、线上提交和确认以及政府间协商制度等。上述措施均有助于提高劳工招聘的效率和降低招聘成本，为劳工就业提供最大化便利。（2）招聘中反腐败和整治不法行为的措施：收取招聘和安置费的规定、促进私营行业招聘专业化、新闻宣传等。（3）招聘中防止非法招聘和人口走私的措施：建立防止非法招聘和人口走私项目、惩罚制度等。（4）保护菲律宾移民劳工权益：确立招聘规范、争端解决机制、现场福利援助、劳工家属安置、强化双边劳工协议等。

第六，对无菲律宾国籍的海外菲律宾人开放国内各经济行业，其中包括管制较严的零售业。2000年3月，菲律宾国会通过《第8762号共和国法令》，颁布与实施《零售业贸易自由化法案》，规定：失去菲律宾国籍但仍定居在菲律宾的原自然出生的菲律宾公民，在从事零售业贸易方面仍与本国的菲律宾公民享有同等权利。②

140

---

① 路阳：《菲律宾政府的海外菲律宾人政策探析》，《华侨华人历史研究》2014年第3期，第15页。

② 《菲律宾正式开放本国零售业市场》，《东南亚南亚信息》2000年第5期，第6页。

第七，对无菲律宾国籍的海外菲律宾人或其眷属，提供出入境优惠政策，如临时游客签证、非配额移民签证（给予菲律宾人配偶特别签证）、原菲律宾人返菲律宾定居的本人及配偶和未婚子女的非配额移民签证、非移民的学生签证、预先安排就业签证等。

第八，菲律宾政府高度关注海外菲律宾人及其子女的教育，设立和推动菲律宾海外学校的发展。海外菲律宾学校现已达44所。尤其值得赞赏的是，绝大多数菲校（38所）设在中东地区，为学历程度偏低的菲律宾劳工提供受教育的机会，凸显菲律宾政府对弱势海外菲律宾人的教育关怀。

第九，菲律宾政府与时俱进采取了一些新的海外同胞管理政策，旨在为海外菲律宾人提供更具体的服务。（1）管理菲律宾劳工就业的措施：进入私营部门就业的许可制度、雇员注册和劳工存档制度、海外菲律宾人网络化制度包括网络通信、网络注册、线上提交和确认以及政府间协商制度等。上述措施均有助于提高劳工招聘的效率和降低招聘成本。（2）招聘中反腐败和整治不法行为的措施：收取招聘和安置费的规定、促进私营行业招聘专业化、新闻宣传等。（3）招聘中防止非法招聘和贩卖人口的措施：建立防止非法招聘和贩卖人口项目、惩罚制度等。（4）保护菲律宾移民劳工权益：确立招聘规范、争端解决机制、现场福利援助、劳工家属安置、强化双边劳工协议等。（5）海外菲律宾人融合措施：提供语言文化培训课程、建立现场辅导项目、成立菲律宾人融合中心等，这些措施均为了

促进海外菲律宾人加快融入当地社会。①

菲律宾政府高度重视海外菲律宾同胞，不但视海外同胞为菲律宾国家民族的组成部分，而且采取各种有效措施鼓励其为菲律宾多作贡献。菲律宾政府秉持大侨务观，其侨务部门地位甚高，很大程度上是由总统府办公室主导，对总统负责，工作卓有成效。为了涵养侨务资源，以期为菲律宾的经济社会发展做更大贡献，菲律宾政府与时俱进，不断制定和改善侨务政策。

（二）保障海外同胞权益为施政重点

菲律宾侨务政策的最大特征就是在侨政法制化的背景下，最大限度的保护海外劳工权益为施政重点。菲律宾是国际上重要的劳务输出国，海外劳工权益保护有《宪法》《菲律宾劳动法》《海外劳工与海外菲律宾人法》的严格管理，具体特点如下。

第一，菲律宾保障海外同胞权益的措施较为全面。根据《海外劳工与海外菲律宾人法》规定，政府部门在劳工海外输出过程中应把重点放在保护和改善海外劳工的福利和权益上，为此，保护菲律宾海外劳工的主要管理部门与时俱进采取积极的管理政策，旨在为海外菲律宾人提供更具体的服务，主要包括：（1）制定菲律宾劳务输出的规范流程；（2）保护菲律宾海外劳工政府管理部门提供线上服务和24小时服务电话；（3）强制雇

---

① Alejandro A. Padaen, *Philippine Migration Policy: Strengthening Protection For Migrant Workers*, Regional Conference of Labor Migration Management in the Process of Regional Integration, Bangkok, Thailand, 27-30 May 2008.

佣机构为菲律宾海外劳工购买保险；（4）为在海外就业途中遭受的损失提供权利救济和补偿等保护措施。

第二，为了能更好地服务海外菲律宾人，菲律宾政府制定了《海外菲律宾人发展规划（2017—2022）》，该规划旨在推动海外菲律宾人全面可持续的发展。主要工作方向包括三个方面：加强海外菲律宾人及其眷属的保护和福利；加强管理海外菲律宾人、眷属和其他利益相关者；促进返回菲律宾的海外菲律宾人的社会融合。

针对当前海外菲律宾人存在的问题，菲律宾政府通过详细的调研，旨在针对最新的问题，制定相关的法律法规，与时俱进，更好地完善海外菲律宾侨务政策。例如，海外菲律宾人存量尚无系统估算和报告；对海外菲律宾人的总量没有数据细分；无永久返回移民的全面数据，使得海外菲律宾人社会融合项目的相关政策不能有的放矢；根据菲律宾信息自由法和数据公开政策的规定，移民数据制作的相关政府机构的数据应对外开放；缺乏地方层面的移民数据；菲律宾国内移民和外国人年度数据缺失；与移民事务相关的机构的移民数据之间的互联互通尚未实现。[①] 可以说，菲律宾侨政是在涉侨法律法规的推动下，有完善的行政机构和首脑支持，具体政策落实到位。同时，还及时关注侨务政策成效，逐步跟踪完善侨政，为新的涉侨法律法规和政策的完善提供基础。

143

---

① *Philippine International Migration Data*, Philippine Statistics Authority Commission on Filipinos Overseas, 2017.

（三）菲律宾侨务施政因应海外同胞需求不断调整

根据国际移民组织统计，当前与移民相关的可持续发展项目涉及保障移民劳工的基本医疗、为留学生提供奖学金、打击贩卖人口、维护移民劳工权益特别是妇女劳工的权益、降低侨汇成本、为非法移民提供法律身份等。这些项目正是目前海外移民的现实诉求。菲律宾海外同胞的需求与其移民历史、移民传统、移民类型、经济全球化发展需求等因素紧密相关。菲律宾海外同胞住在国和菲律宾政府在面对移民的现实需求中分别采取了不同的政策，菲律宾倾向于鼓励移民回归、帮助移民融入住在国、鼓励移民成为沟通国家关系的重要桥梁、打击非法移民等。住在国更倾向于打击非法移民和促进移民融入当地。广泛分布在欧美国家和中东、亚洲其他国家的菲律宾海外同胞的主要需求需要从两个方面来分析，一方面是住在国对移民的政策影响，如移民工作情况、医疗保障情况、文化融合情况、移民政策取向等；另一方面是菲律宾侨务政策影响，如侨汇便利性政策、双重国籍政策、便利移民回国投资政策等，对这些影响因素进行分析，才能明了菲律宾海外同胞主要需求的变化趋势和菲律宾侨务政策变动的规律。

第一，住在国的政策。对于刚出境的海外移民同胞而言，他们的需求基本涵盖在住宿、工作地点的远近、交通工具、周边生活环境、生活成本、医疗条件、安全情况、接收国对待移民的文化等几方面。因此，满足海外同胞需求是住在国移民政策的基础。目前，住在国移民政策的主要职责集中在保障移民的权益，推动移民更好地融入住在国的社会、经济、政治和文化生活。

从住在国角度而言，在诸多协助移民融入的政策中，允许移民家属团聚是为了更好地给予移民情感上的支撑，更方便其融入当地社会。同时，家庭成员通过家庭团聚方式进入住在国后，也会部分进入劳动力市场，为当地劳动市场创造收益。此外，家庭团聚也进一步减少了侨汇的流出，移民会更愿意将资产储存起来，同时在住在国进行消费。从菲律宾移民发达国家和海湾地区的侨汇数额对比即可看出，没有家属陪伴的海湾地区菲律宾劳工的侨汇数额更高。这从一个方面印证了家庭团聚移民的必要性，也是住在国促进移民融合的主要举措之一。

当前，菲律宾海外同胞住在国在满足海外同胞需求、推动移民与本土社会融合方面的政策集中关注在以下六个方面：（1）设置更合理和灵活的移民归化入籍时间表；（2）双重国籍政策适用于更广范围和类型的移民；（3）建立合适的机制，保障移民获得稳定的社会安全保障如医疗、保险和抚恤金；（4）根据接收国市场和行业变动情况设定短期移民居留服务和返回的进入退出机制；（5）为希望学习语言的移民提供机构或设施；（6）制定政策鼓励社会成员包括移民有表达自己文化价值和信仰、尊重公共社会价值的文化氛围。

第二，菲律宾政府积极跟踪了解海外同胞住在国政策变动和海外同胞需求，及时调整侨务政策服务海外同胞。2016年，菲律宾总统杜特尔特就海外菲律宾人政策提出新的规划，重新界定了海外菲律宾人的范畴，提议成立一个总揽侨务政策的侨务机构。以往的海外菲律宾人概念，在菲律宾总统的眼里更多

是那些签署劳工协议的海外菲律宾人，当前海外菲律宾人的概念已经不仅包括海外菲律宾劳工，还包括永久移民、婚姻移民和在海外出生的菲律宾人。具体政策包括以下四项：第一，延长护照有效期，由5年延长至10年；第二，严厉打击人口走私和非法招聘劳工行为；第三，加强对海外菲律宾人的财务教育和援助；第四，成立一个总揽海外菲律宾人事务的侨务机构。

截至2017年，第17届国会提出了12份涉及侨务政策的法案，其中菲律宾众议院提交了8份，参议院提交了4份。

表7：提交法案名录

参议院法案（SB）	众议院法案（HB）
SB146：设立移民和发展部	HB192、HB3255：设立移民和发展部
SB1421、SB1445：设立海外菲律宾劳工部，界定职能和权限，处理与此相关的基金事项	HB227、HB822、HB1936、HB2334：设立海外菲律宾劳工部
SB1435：设立海外就业部，有效协调和组织相关部门，处理海外菲律宾劳工的海外就业、安全和福利等事项	HB288、HB543：设立海外劳工部

资料来源：根据菲律宾国会法案整理而得。

在上述提案中，部分政府机构、办公室和部门将与新提出的机构合并重组，具体构成如下：第一，国际劳工事务局，包括全部海外菲律宾劳工机构，直接监管劳工和福利官员和菲律宾劳工人力资源中心；第二，海外缺席投票秘书处和副秘书长办公室，处理外交部移民劳工事务；第三，海外菲律宾人委员会；第四，全国海外菲律宾劳工社会融合中心；第五，菲律宾海外就业管理局和菲律宾海外劳工福利管理局遣返部门和机构；第六，菲律宾海外就业管理局和菲律宾海外劳工福利管理局调解机构；第七，菲律宾海外就业管理局下设反非法招聘机构；第八，菲律宾海外就业管理局和菲律宾海外劳工福利管理局劳工教育机构；第九，菲律宾海外就业管理局下设政府安置机构；第十，菲律宾海外就业管理局下设审判办公室；第十一，菲律宾海外劳工福利管理局内设 24 小时运营中心热线；第十二，国家海事职业技术学院；第十三，交通部下设处理国际航海事务的码头办公室。

除此之外，还提出建立下述相关机构。第一，在全国范围内的主要大城市建立一站式移民救助中心。第二，创设 10 亿特殊援助基金，专门针对正规移民和非法移民的相关资助。基金主要用于安置遣送回国人员、住院和药物支付等相关医疗费用、超期滞留的海外菲律宾人的移民费用、法律援助、海外菲律宾人突发状况或应急相关费用。第三，移民和发展部内设机构协调委员会，专门负责解决因赎罪金、贩卖人口和大规模非法雇佣、恐怖主义、毒品走私和其他人道主义案件引起的死刑案件。第四，建立海外菲律宾劳工数据库，确保海外劳工遇险时能提供及时的援助。第五，针对海外菲律宾劳工，提供人力资本发展项目，确保其在其他国家具有更强的竞争力。第六，增加遣返安置援助，促进回国劳工更好地进行社会融合。

针对上述提议和规划，菲律宾政府在杜特尔特总统的直接领导下，相关部门逐级展开了对菲律宾侨务机构设置的改革。2016 年 8 月 15 日，菲律宾劳动和就业部为海外菲律宾劳工建

立了一站式服务中心，旨在减少海外菲律宾劳工的交通费用，提高行政效率。菲律宾海外就业管理局和菲律宾海外劳工福利管理局前局长 Hans Leo Cacdac 指出："一站式服务中心统合相关服务机构，专职处理海外菲律宾劳工相关事务，目前每日接待 2000—3000 名海外菲律宾劳工。"[①] 一站式服务中心统合的相关机构和提供的具体服务如表 8 所示。

表 8：菲律宾海外就业管理局一站式服务中心机构组成名单

序号	机构名称	服务内容
1	外交部（DFA）	护照业务、护照延期服务
2	菲律宾海外劳工福利管理局（OWWA）	发展和更新会员
3	技术教育与技能培养（TESDA）	协助进行能力评估 检验证书和特殊定制服务 协助更换国家证书和能力证书 协助培训和开展奖学金项目
4	职业规则委员会（PRC）	颁发职业执照
5	海事工业管理局（MARINA）	颁发海员证
6	家庭发展共同基金（HDMF）	审核 Pag-ibig 基金会员申请 会员注册和更新
7	社会保障系统（SSS）	注册和会员信息完善 接受贷款和受益信访申请 贷款审核和身份确认 UMID 卡信息录入和发放卡片 解疑答惑
8	菲律宾统计局（PSA）	处理和颁发出生证、结婚证、死亡证、未婚证
9	菲律宾移民局（BI）	出境清关信息

---

① Kathleen Newland, Global Governance of International Migration 2.0 What Lies Ahead? *MPI*, Issue No.8, February 2019.

序号	机构名称	服务内容
10	菲律宾国家调查局（NBI）	核发调查局审查许可
11	菲律宾高等教育委员会（CHED）	学校资质认证
12	菲律宾旅游基础设施和企业区域管理局（TIEZA）	支付旅行税 处理旅行税豁免和减税事项 解疑答惑
13	菲律宾海外就业管理局（POEA）	建立海外劳工档案 劳工注册申请 开具海外劳工记录证明 法律援助、解疑答惑
14	菲律宾健康保险公司（PHIC）	缴交 Philhealth 捐款 会员注册与更新

资料来源：采访菲律宾海外就业管理局后整理分类列表。

菲律宾侨务施政的最新规划和举措，紧紧围绕海外同胞的权益不断推进完善侨务政策。可以说，菲律宾侨政最新规划和侨务机构整合，将更好地推进海外同胞权益，在侨政法律法规的推动下，侨务施政的成效将成为主要侨务资源大国学习借鉴之处。

四、调整侨务政策适应外交和国家战略的需要

菲律宾视其侨务资源为外交政策的重要内容，并被运用于改善国家间关系的实践中。即：菲律宾借助侨务公共外交涵养侨务资源是以服务外交和国家战略为主要目标，其侨务公共外交的建设发展快，并取得了很好的效果，特别表现在海外各国的菲律宾人对菲律宾的归属感强。菲律宾侨务施政过程中，特

别注重移民权益的保护，涵养其成为菲律宾与海外同胞居住国之间关系重要的软实力。

海外菲律宾同胞人数众多，其在当地国开展公共外交具有得天独厚的条件。因此，菲律宾借助海外同胞，通过分布在世界各国各地区的社团组织和从事各行各业的菲佣完成侨务公共外交的使命，在此过程中涵养侨务资源，推动其对当地国的文化、政治和经济产生影响。

第一，菲律宾侨务公共外交借助宗教方式。根据菲律宾委员会福音派教会统计，80% 的海外菲律宾人是天主教徒、13%是新教徒、约 7% 是福音派基督徒，[①] 他们在居住国工作生活的同时，带有宗教性的使命，将菲律宾发展视为精神指引，并在当地国民众中主动宣传介绍菲律宾的历史、文化、旅游、宗教等知识，特别是菲律宾的多元文化。[②] 因此，作为亚洲唯一的基督教国家，菲律宾政府传递给海外菲律宾人的使命带有明确的宗教性质。海外菲律宾人视自己的教堂为家庭归属，在海外当地国的公共外交活动是传播上帝的福音，因此他们大多扮演了牧师、祈祷者、读经者、唱诗班歌手、运动联赛助手等角色，与当地国公众展开社交活动，向其宣传菲律宾的传统和文化，努力实现将当地国菲律宾化（Filipinization）的宗教使命。

----

① Rev. Efraim Tendero, Bishop and General Secretary of the Philippine Council of Evangelical Churches (PCEC) reported during the FIN Global Consultation in Singapore (July 20, 2002) that approximately seven percent of the OFWs living outside their homeland are Evangelical Christians.

② Joaquin Jay Gonzalez Ⅲ, *Diaspora Diplomacy: Philippine Migration and its Soft Power Influences*, Minneapolis: Mill City Press, 2012, p.277.

具体而言，海外菲律宾人的宗教团体主要分布在北美、西北非、中东、南亚和东南亚地区，如新加坡的圣雅风索堂（Novena Church）、德黑兰的圣亚伯拉罕教堂（Saint Abraham）、布鲁塞尔的圣雷米教堂（Saint Remi）、巴塞罗那的圣奥古斯丁教堂（San Agustin Church）、伦敦的威斯敏斯特天主教教堂（Westminster Catholic Cathedral）、旧金山的圣帕特里克教堂（Saint Patrick Church）、河内的圣约瑟夫天主教教堂（Saint Joseph's Cathedral）、东京的圣伊格内休斯教堂（Saint Ignatius Church）和巴黎的巴黎圣母院（Notre Dame Cathedral）。他们利用当地的教堂作为公共外交活动的主要场地，通过朝拜（samba）、祈祷（dasal）、誓言（panata）、上帝决定命运（bahala na）、人情债（utang na loob）、感恩（pasalamat）、同情心（damay）、尊重（paggalang）、宽容（maawain）、牺牲（sakripisyo）、救赎（mapagpatawad）、互助（matulungin）、服务（lingkod）、友爱（pagmamahal）、奉献（pagbibigay）、换位思考（understanding）以及羞怯（hiya）等表达方式定期举行系列宗教活动，传递菲律宾以宗教为核心的行为规范。此种方式也是菲律宾文化融入当地主流文化和社群的一种更为和平的方式，在当地国受到认可，菲律宾政府借由此与海外同胞建立了良好的文化互动模式。

第二，职业菲律宾化。海外菲律宾人的公共外交活动主要通过具体的职业工作进行，细化为包含志愿服务、公民参与、社区合作伙伴、政治宣传、抗议游行、清理保洁、侨汇、灾难援助、捐赠和慈善筹款等行业。海外菲律宾人在技能、培训、

教育、职业伦理和英语运用等方面更为擅长，因此可以在工作、产品和服务中施予菲律宾的影响。海外菲佣一向以英语技能强、开朗的性格、勤奋、团队合作、创新能力、永不言败等品质受到当地国民众的尊敬。这些品质吸引跨国企业前往菲律宾投资和设厂，招聘劳工。此外，一些海外菲律宾人是商业和投资领域的精英和主力，他们通过慈善的方式在当地国履行社会责任。2008 年，美国商业雇主人口调查局报告显示，美国有 125000 名菲律宾雇主创设的企业里共雇用当地 132000 名劳动力，创税收达 142 亿美元，主要投资领域包括医疗、社会救助、专业咨询服务、科学技术服务等。① 同时，菲律宾政府实行项目带动激励机制，通过 "Balikbayan Program" 项目，鼓励海外菲律宾人定期回菲律宾旅游。参与该项目可享受以下福利：减免旅行税、对持有外国国籍的菲律宾人免签证一年、可购买免税产品权，上线为 2000 美元。

第三，社会参与。海外菲律宾人通过文化演出、社团活动、菲律宾独立日纪念活动以及其他非正式的集会等活动，参与社会。在美国旧金山，由海外菲律宾牧师主导、达利市联合卫理公会教堂（Daly City United Methodist Church）组织的相关筹款和政治活动，旨在游说美国国会听证会和联合国复审菲律宾的法外处决案。该教堂主办了多种宗教活动，联络全美天主教徒和福音派信徒，共同为菲律宾法外处决案贡献力量。海外菲律宾人这种社会参与主要是通过社团组织和各种集会来

---

① Joaquin Jay Gonzalez Ⅲ, *Diaspora Diplomacy: Philippine Migration and Its Soft Power Influences*, Minneapolis: Mill City Press, 2012, p.33.

完成。在美国和加拿大，很多菲律宾社团如伊利卡诺家乡协会、校友总会等遍布各州府，他们设立更多高校奖学金资助海外菲律宾子女求学。美国的宿务、伊利卡诺、邦板牙、比科兰诺、邦阿西楠、奎松家乡协会还经常举行国际选美比赛，对美国和其他国家民众影响力显著。通过这种社会参与，海外菲律宾人在当地社会文化网络、市民互动、主流媒体、商业和社会人士接触方面实现了程度不同的菲律宾化。

海外菲律宾人就是通过这种柔和的方式对其工作、生活的城市和国家民众发挥菲律宾文化的影响力，他们向全世界展示了菲律宾侨务公共外交的软实力。菲律宾政府通过授予海外菲律宾人"Bagong Bayani"（新英雄）奖，表彰海外优秀菲律宾人士或社团，他们用自己个人的想法、精神和信念对其居住国民众产生影响，此奖项旨在肯定和鼓励他们支持和为菲律宾侨务公共外交事业作出的贡献，如介绍菲律宾民族的友好和历史、强化菲律宾人的竞争力和责任感、为菲律宾外汇创收和向全球各国传递菲律宾的价值观和文化。菲律宾侨务公共外交的影响中，宗教的软实力影响较为显著。通过全球各地的天主教堂，海外菲律宾人运用宗教方式传播菲律宾的语言、音乐、文化、习俗。菲律宾政府利用数量众多的海外菲佣的职业优势如保姆、护理人员、销售员和酒店—咖啡厅—酒吧服务人员等，对其工作周遭的民众以及礼拜教堂里的教友实施侨务公共外交影响，同时，还传递其对菲律宾总统和政治的信任、社会正义的关切以及海外菲律宾人社团的团结等。可以说，海外菲律宾人在菲律宾侨务公共外交中发挥了关键的作用，传播菲律宾文

化，对菲律宾和居住国民众产生了双重影响。海外菲律宾人不仅成为菲律宾的外交使者，更是传教士，向200多个国家传播菲律宾的信仰。海外菲律宾人还是菲律宾外汇、商业、技术、服务和其他技术的传送者，推动了菲律宾的经济发展，降低了对外资的依赖。此外，海外菲律宾人还将其多元文化体现在社会责任、精神追求、社团组织、市民社会的方方面面，有海外菲律宾人的地方，就有菲律宾的文化。

五、结语

20世纪70年代以来，全球化进程的加速使重要移民国家，无论移民输出国还是移民输入国，都对移民事务中的海外同胞给予高度关注。菲律宾视海外同胞为本国社会发展不可或缺的推动力，其侨政特点主要表现为以下方面。（1）侨务工作和侨务部门定位明确。（2）最高行政领导（总统）及其代表直接推动和领导，各项重要侨政多以总统或国会颁布，各政府行政部门全力协作，各类非政府组织予以配合。（3）有关海外同胞和侨务部门工作范围司法解释明确，各项工作以法律法规方式推进。（4）侨政以扶助海外同胞为宗旨，关注未来，志在长远。各项具体侨务工作几乎都以服务为主，重视对弱势海外侨胞，如中低端劳工乃至非法移民的关怀和扶助。（5）国内侨政全力服务海外同胞，以保障海外同胞在国内之各项权利为主。（6）对基本侨情和趋势的准确把握，菲律宾的侨务机构对海外同胞的分布、人口、职业、年龄、受教育程度、面临问题、需求等方面有较详尽的了解，故能制定和推行有远见并可行的侨务政策。菲律宾政府希望在保障海外同胞权益法制化的过程中，融入宗教和文化的软实力要素，使得政策落地更具人情味，海外菲律宾同胞对菲律宾国家发展更能共情。菲律宾的侨务公共外交服务国家战略的成效明显，建立了广泛分布住在国的宗教、社会、文化网络，为菲律宾创造了良好的国际形象和软实力基础，为中国侨务政策改革服务国家重大战略提供借鉴和启示。

作者简介：康晓丽，中共厦门市委党校统战理论教研部副教授，法学博士，主要研究方向为华侨华人与国际关系、统一战线理论与实践、"一带一路"沿线海外利益的发展与维护以及中外侨务政策比较。

特恩布尔政府时期澳大利亚对"一带一路"倡议的认知：态度、困境与对策①

鞠长猛

摘要：特恩布尔政府十分关注"一带一路"倡议，但受澳大利亚外交政策、政党政治生态、地缘因素等影响，其对"一带一路"认可存在较大的偏差，导致该倡议在澳大利亚传播和发展并不顺利。为进一步推动"一带一路"在澳大利亚的传播与落地，我国需要促进中澳友好城市建设、加强媒体的宣传力度、加强学术与教育交流、发挥华侨华人的桥梁纽带作用。

关键词："一带一路"倡议；特恩布尔；澳大利亚；认知

2013 年我国发布了"一带一路"倡议及路线图，为澳大利亚带来"融入亚洲"的新机遇，引发了澳大利亚政界和商界的强烈反响。然而受到澳大利亚外交政策、政党政治生态、地缘因素的影响，特恩布尔政府拒绝签署合作备忘录，导致"一带一路"倡议在澳落地并不顺利，错过了通过共建"一带一

① 本文系国家社会科学基金重大招标项目《世界华商通史》（六卷本）（项目号：17ZDA228）的阶段性成果。

路"构筑中澳合作共赢局面的机遇。

一、特恩布尔政府对"一带一路"倡议的认知

中澳经济的互补性强，战略契合度高，"一带一路"倡议无疑为两国的深入合作创造了广阔的空间。然而，特恩布尔执政时期，澳大利亚对该倡议抱有持续关注却又警惕和防范的矛盾心态。其中，联邦政府持谨慎和保守的态度，而地方政府和商界对"一带一路"则更加积极并予以开发。

1. 联邦政府的态度

特恩布尔政府时期，澳大利亚国内政治局势紧张，执政党自由党—国家党联盟（以下简称：自由党）内部斗争激烈。该联盟以保守派为主，但民粹和右翼势力增长较快，导致其总体上对"一带一路"倡议表现得谨慎而又犹豫不决，缺乏推进"一带一路"的积极性。当被问及对待"一带一路"的态度时，特恩布尔、毕晓普、孙芳安等政要的回答往往是，"澳大利亚欢迎那些符合我们外商投资方针的中国投资，但我们更倾向于关注具体的项目和投资，而不是泛泛而谈（相关政策）"。在特恩布尔政府看来，"一带一路"确实可以极大地改善澳大利亚基础设施建设、增加澳企业对外投资的机会，但对巩固其岌岌可危的执政党地位帮助不大。因而，自由党内部更倾向采取"冷处理"的态度。2017年11月特恩布尔政府发布的《外交政策白皮书》，只在"地缘经济竞争"一节中提到1次"一带一路"倡议，有意降低该倡议的重要性。但在同期澳大利亚

议会辩论中，自由党却频繁提及"一带一路"倡议及其对中澳关系的意义。可见，特恩布尔政府十分清楚"一带一路"倡议的重要性，只是处于政治和外交方面的考虑不愿在正式文件中过多提及，显示出其对"一带一路"倡议持续关注而又刻意保持距离的矛盾心理。

相比之下，澳大利亚工党对"一带一路"倡议较为支持。由工党组成的影子内阁多次表达欢迎"一带一路"的态度。2017年10月27日，工党领袖比尔·肖顿在庆祝香港澳洲商会成立三十周年宴会致辞中高度评价了"一带一路"，他认为"中国的'一带一路'倡议将定义未来的十年，推动中国从低附加值、外包、廉价的制造模式转向经济效益好、高附加值的模式"。影子内阁财长克里斯·博恩更是在2017年9月29日的演讲中阐述了工党的"亚洲战略"，承诺若赢得下次选举，将以开放的姿态来探讨"一带一路"框架下的中澳合作问题。影子内阁外长黄英贤和防长理查德·马尔斯认为澳大利亚拒绝"一带一路"是自欺欺人，呼吁执政党把握住该倡议带来的发展机遇。对于中澳共建"一带一路"的方式，工党赞成"逐案审查"的方式，认为维护国家安全与"一带一路"并无矛盾之处。由此可见，工党更愿寻找中澳在"一带一路"建设中的共同利益，对"一带一路"与"北部大开发"对接更加积极。

2. 商界及地方政府的态度

当澳大利亚政界还在争论以何种姿态、何种方式响应"一带一路"倡议时，澳大利亚商界和地方政府已经觉察到其中蕴藏的商机，以实际行动参与到共建"一带一路"之中。

澳大利亚商界对"一带一路"的态度十分积极,不断采取措施探寻该倡议带来的机遇。在"一带一路"倡议发布后不久,商界便与政府决策制定者进行了一系列商讨,认为"'一带一路'倡议有利于维持国际市场对澳原材料的强劲需求,使澳大利亚从中获益。"① 另据《澳大利亚人报》报道,澳大利亚商界多次敦促政府采取更积极的态度对接"一带一路",并在基建、教育、旅游、医疗、可再生资源等领域采取行动②。

　　与特恩布尔政府对"一带一路"倡议犹豫态度不同,澳大利亚地方政府普遍欢迎"一带一路"倡议。得益于他们在项目审批上较大的自主权,各州有一定能力排除来自联邦政府和美国的压力,助推"一带一路"倡议在澳大利亚的落地。维多利亚州政府为了吸引中国投资,专门推出"中国战略"计划。2017年5月,该州州长丹尼尔·安德鲁斯受邀出席了"一带一路"高峰论坛,回国后又举办了"一带一路"国际合作论坛巡回报告会。他在多个场合表达了加强"一带一路"建设的思路,呼吁"澳中合作要'超越交易',大力推进人文交流、增进了解信任、建立长期伙伴关系。"③ 为日后维州与中国达成"一带一路"协议做好了准备工作。北部领地距离中国最近,是对接"一带一路"与"北部大开发"的重要地区。为了推进

159

　　① Stephanie Goche, "China's One Belt One Road Policy: Can History Repeat Itself", *Strategic Analysis Paper*, Future Directions International, July 7, 2016.

　　② T. Cripps, "Australia Trade and Investment to Benefit from Belt and Road", *The Australian*, Mar. 24, 2017.

　　③ 李佳彬:《"一带一路"为澳企业提供发展平台》,《光明日报》,2017年6月1日,第10版。

两大战略的对接进程，北部领地政府在 2015 年批准了岚桥集团租赁达尔文港 99 年的协议，以加强该州在"一带一路"建设中的重要地位。此外，昆士兰州、新南威尔士州、首都地区政要也都表达对"一带一路"的支持，为"一带一路"在该地区发展打下了良好的舆论基础。

部分政要作出不利于"一带一路"的举措时，澳大利亚各州还会施加压力，消除不利影响。2015 年工党领袖比尔·肖顿曾试图在议会中阻挠《中澳自贸协定》颁布，来自新南威尔士、维多利亚和南澳大利亚的劳工领袖严厉反对，致使肖顿在党内陷入孤立，不得不放弃行动。

3. 澳大利亚学界的态度

"一带一路"倡议是澳大利亚学界持续关注的热点问题。特恩布尔执政时期，学者和智库围绕着"一带一路"的动因、对澳影响作用及其现实困境等问题展开了全面而深入的讨论。部分学者能够客观分析"一带一路"对中澳两国发展产生的促进作用，但也有学者借机宣扬"中国威胁论"，质疑中国推进"一带一路"建设的战略意图和方法措施。

在"一带一路"动因方面，澳大利亚学者普遍承认"一带一路"倡议可以为中澳乃至世界经济发展带来新机遇，但又热衷于超越经济框架来揣测该倡议的政治意图。澳大利亚国立大学教授保罗·哈伯德认为，"一带一路"有助于中国谋求世界经济领导地位，中国正试图将古丝绸之路精神与《联合国宪章》的精神结合，通过开放、合作和互利来赢得美国重要盟友澳大利亚的支持。而少数学者观点较为偏激，表现出对中国战略意图的猜忌。邦德大学助理教授马尔科姆·戴维斯认为中国借助"一带一路"倡议增加邻国对其依赖度，帮助中国打开更多市场，助其实现"中国梦"，成为21世纪的"中央王朝"。克劳福德公共政策学院的杰夫·韦德认为，"一带一路"倡议将转化为中国对大洋洲的强大战略影响力，切断大西洋联盟与南太平洋的澳新美联盟，使其最终长期追随中国。

受特恩布尔时期澳外交战略困境的影响，学者们往往表现出"两面性"特点，一方面认同通过"一带一路"深化中澳之间的经贸联系，另一方面又担心中国通过控制基础设施危害其国家安全。悉尼科技大学中澳关系研究院的詹姆斯·劳伦斯森发表研究报告指出，加入"一带一路"及亚投行会使澳大利亚受益，因为随着基础设施不断完善，亚洲地区的贫困将持续减少，有助于澳大利亚贸易发展。[①] 而部分澳大利亚学者对中国租赁达尔文港、加强大洋洲岛国基础设施建设等表现得异常敏感，澳大利亚军界学者以及国防安全方面的专家接连发文，指责中国对澳大利亚北部和大洋洲的开发对其边境安全、对美关系、对南太平洋影响力、南海和印度洋利益等都产生了消极影响。

总体来看，特恩布尔时期澳大利亚各界基于多种原因而对"一带一路"倡议存在某些认知偏见，并没有形成固定立场。澳大利亚国内的政治氛围、经济发展形势，甚至学者和媒体的评价等因素都对澳大利亚认知"一带一路"产生影响，导致澳

① James Laurenceson, "Decision time: Australia's engagement with China's Belt and Road Initiative", *Australia-China Relations Institute*, November 2017, p.10.

的态度经常出现摇摆、波折和反复。不过，澳各界都普遍认可"一带一路"倡议对促进澳大利亚经济发展具有积极作用。

二、"一带一路"倡议在澳落地的困境

特恩布尔政府时期，中澳两国围绕"一带一路"建设取得了一定的早期成果，完成了一批促进"互联互通"的标志性项目。我国招商集团、岚桥集团和中国投资公司分别获得了纽卡斯尔港、达尔文港、墨尔本港的长期租赁权。两国于2015年12月正式签订《中澳自由贸易协定》，在贸易合作取得了卓越成果。2015年3月澳大利亚加入亚投行，成为创始成员国。2017年双方还共同举办了"中澳旅游年"活动。然而，受多种因素的影响，两国在推动"一带一路"倡议落地方面面临诸多的风险与挑战，主要表现在如下几个方面。

1."美国因素"的干扰

特恩布尔政府重视美澳同盟关系，在特朗普奉行"美国优先"的背景下积极寻求美国重视亚太地区局势，为"美国因素"介入澳大利亚军事、外交、媒体等创造了条件，进而深刻影响到"一带一路"倡议在澳的推进。综观特恩布尔执政的三年，美国因素的影响主要表现在以下几个方面。

在军事上，美国频繁炮制"国家安全论"干扰"一带一路"关键项目落地。美国在澳大利亚北部的达尔文、中部的松树谷等地有驻军，这些地区也是"一带一路"与"北部大开发"对接的重要地区。当中资机构收购或开发相关地区时，美

国往往以危害"军事安全"或"国家安全"为由，阻挠重要项目落地。

在外交上，美国阻挠重要协议签订。2015 年 8 月中澳启动第二轮战略经济对话时，双方就发展战略对接和开展产能合作达成了广泛共识。然而在 2017 年 3 月，澳大利亚迫于美国压力，突然拒绝对接堪培拉"50 亿澳元国家基础设施基金"与"一带一路"倡议。[①]

由于美澳两国建立了牢固的军事同盟关系，"美国因素"在澳大利亚外交政策中居于中心地位。澳大利亚虽然在经济上依赖中国，但需要在外交和军事上追随美国，以实现所谓的"平衡外交"。但随着近年来中国的崛起，澳大利亚单纯搞"平衡外交"已经难以驾驭中美澳三国之间的复杂关系，甚至阻碍中澳关系的持续健康发展，更无法为"一带一路"倡议落地创造良好的环境。

2．澳对"一带一路"倡议理解误区多

特恩布尔政府时期，澳大利亚媒体、政界和学界对"一带一路"倡议的理解存在不少误区。这些误区阻碍"政策沟通"和"民心相同"实现，对中澳共建"一带一路"产生了负面影响。

首先，特恩布尔政府对"一带一路"倡议的框架思路理解不到位。虽然 2015 年 4 月我国已经明确将澳大利亚纳入"21世纪海上丝绸之路"南线范畴，但还有相当多的澳政界人士认

---

① 邢瑞利、刘艳峰：《澳大利亚对"一带一路"的认知》，《国际研究参考》2017年第 11 期。

为澳大利亚在"一带一路"中的地位不够明确，怀疑澳在该倡议中仅具有象征意义。他们认为，2015年发布的"愿景"只是一个概念或者一份邀请函，缺乏详细的发展蓝图，也没有规定具体的项目清单、投资金额、申请流程、管理机制等，因而担心该协议的透明化和治理水平不高。[①]

其次，该政府对共建"一带一路"的方式理解不到位。澳政界习惯运用传统的国际合作理论来看待"一带一路"倡议，片面追求澳方的"主导地位"。在他们看来，澳大利亚是发达国家，拥有良好的经济环境和国家信誉，吸引外资并不困难。"一带一路"只是他们的一种融资方式，无须将两国的发展战略全面对接。澳大利亚在参与"一带一路"时需要占据主导地位，通过"逐案审查"方式只筛选对澳有利的项目。这种思维并未摆脱"零和关系"的束缚，违背了"一带一路"实现互利双赢的精神。

最后，澳大利亚政府对"一带一路"的经营方式存在误区。自"一带一路"倡议发布以来，中国企业曾一度加速布局澳大利亚，在能源矿产、基础设施、商业地产、医疗健康、农业等方面进行了大量的投资并购。而中国企业经营过程中如何处理与当地政府和民众的关系，成为澳大利亚关注的问题。因而澳大利亚部分政客担忧中国企业入驻后的管理方法是否得当、社会效益是否能够兑现等。实际上，只有个别中国企业在"民心相通"方面做得不够，大多数能够妥善处理好与地方政

① James Laurenceson, "Decision time: Australia's engagement with China's Belt and Road Initiative", *Australia-China Relations Institute*, November 2017, p.2.

府和民众的关系，为当地提供高效而优质的服务。

3. 发挥华侨华人"桥梁纽带"作用受到束缚

华侨华人是澳大利亚最大的少数族裔之一，他们具有"融通中外"的天然优势，成为中澳共建"一带一路"的桥梁和纽带。

其中，华侨华人参政议政的积极性受到严重打击，发挥"政策沟通"的作用受到限制。华侨华人早在 19 世纪中期起便开始移民澳大利亚，成为是澳大利亚最早的建设者之一。随着他们逐步融入澳主流社会，参政议政意识也在不断增强，"政治捐款"成为其参与政治的一种正常途径，目的是为华裔群体争取更多的合法权益。在中澳共建"一带一路"背景下，华商和侨领利用其长期积累的人脉关系为中澳在政治领域的沟通交流牵线搭桥，提供政策咨询，推进政治互信，解决矛盾纠纷，在一定程度上发挥了促进"政策沟通"的效果，并非"干涉澳政治，投射中国软实力"。

特恩布尔执政的 2015—2018 年，正处于"一带一路"倡议从构想到付诸实施的关键阶段。然而此时，澳大利亚内政外交深受"美国因素"干扰，对中国的发展持冷战思维，对"一带一路"理解存在偏差，对华侨华人特别是华商进行指责和"抹黑"，导致"一带一路"倡议难以获得澳大利亚政界的支持，阻碍了"一带一路"倡议在澳的传播与落地。

三、对策

目前，澳大利亚联邦政府尚未与我国签订共同推进"一带

一路"建设的谅解备忘录，我国仍需突破特恩布尔时期"一带一路"在澳落地的困境，有针对性地开展活动，助力"一带一路"倡议在澳大利亚的传播与发展。

1. 发挥友好城市的作用，带动"一带一路"的"民心相通"和经贸合作

自 1979 年我国广东省与澳大利亚新南威尔士州建立友好省州以来，中澳两国已经结成了近 100 对友好省州、城市关系，他们为消除中澳文化上的隔阂、促进相互理解、推动经贸合作发挥了重要作用。在澳联邦政府对"一带一路"心存疑虑、地方政府积极支持的背景下，我国省、市更应充分发挥友好城市关系的纽带作用，加强与新南威尔士州、维多利亚州、南澳州以及北领地的关系，为中国企业特别是中小企业投资澳基础设施建设、教育、旅游、农业、可再生资源、医疗和专业服务等领域创造条件，为"一带一路"倡议传播和落地提供优良的环境和平台。

2. 加强媒体的传播力度，维护"一带一路"的国际形象

西方媒体往往因意识形态原因而有意扭曲"一带一路"的精神，对"一带一路"的海外传播造成负面影响。为此，我国需要从如下几个方面开展工作，提升"一带一路"倡议在澳的美誉度和国际形象。在对澳宣传"一带一路"倡议时，我国需要集中优势资源、提高传播内容的丰富性、增强报道的时效性，在局部实现话语权上的优势地位。首先，在对澳宣传"一带一路"时，应本着"内外有别"的原则，避开敏感的政治性话题，注重阐释"一带一路"倡议的经济价值和文化内涵。其次，对负面或突发事件报道以快制胜，抢占舆论先机，引导国际舆论的走向，避免部分澳媒体"带节奏"，损害"一带一路"的国际形象。最后，善于运用新媒体，通过在数字化的传统媒体、播客、视频网站和社交网站上投入"原生广告"①等方式，吸引普通民众了解"一带一路"倡议，提升"一带一路"倡议的在普通民众中的影响力。

3. 加强中澳学术互动，提高"一带一路"倡议在学界的影响力

澳大利亚学者与媒体和政界之间的互动交流频繁，他们通过在媒体上解读中澳关系、向政府建言献策等方式影响澳大利亚全社会对"一带一路"的认知。为了加强中澳学术交流互动，我国需要开放更多关于"一带一路"的学术资料供国外学者查阅，引领澳大利亚学界的"一带一路"研究，推动我国在"一带一路"研究领域的国际学术话语体系建设。同时，加强中澳两国在"一带一路"学术研究领域的合作，通过共同完成科研项目、共同出版著作、共同开展社会调研等形式推动"一带一路"研究，带动澳大利亚学者开展相关研究。此外，通过一系列文化活动，将国内优秀的"一带一路"图书带到澳大利亚高校、图书馆等进行展览，推动澳在校学生更加深入地了解该倡议的内涵及其意义。

4. 发挥华侨华人在宣传和推进"一带一路"建设中的桥梁纽带作用

海外华侨华人群体作为我国独特力量，"是一个集人力资

---

① 章强：《澳大利亚传统媒体如何应对新媒体冲击》，《传媒》2017年第2期。

源、资本资源、文化资源、政治资源、科技资源、信息及网络资源等资源类型于一体的资源系统"①。为了更好地宣传和发展"一带一路"倡议，我国应与华侨华人携手，整合华侨华人社团、华文学校和华文媒体的资源，聚集华商、政治家、科学家和专业人士，发挥华侨华人作为海外"智囊团"的作用，协助我国加强"民心相通"，为传播和推动"一带一路"建设提供智力支持。此外，我国企业与华侨华人合作共建"一带一路"时，应提高法制化和规范化水平，避免"绕开与当地政府的协议框架而直接找到当地华商合作"，②防止主流社会对"一带一路"倡议的猜忌。特别是在推进"一带一路"关键项目落地时，一方面应鼓励华侨华人参与其中，为项目顺利实施提供帮助；另一方面也要加强与当地政府的协商，明确将与华商的合作的内容纳入官方协商的框架中。这样既可以保护华侨华人的合法权益，又能够消除各国政府和民众的顾虑。

综上所述，虽然近期我国无法有效扭转澳大利亚主流社会对"一带一路"的认知，但可以通过推动友好城市发展、加强媒体交流合作、促进学术和教育互动、发挥华侨华人示范作用等逐步消除"一带一路"推进过程中的误会和偏见，克服困难，发扬好团结互信、平等互利、包容互鉴、合作共赢为核心的丝绸之路精神。

---

① 张学惠、江作栋：《华侨华人在中外关系中的作用载体研究》，《八桂侨史》1997年第2期。

② 李其荣：《协同发展：华侨华人与"长江经济带""一带一路"》，广州：暨南大学出版社，2016年，第91页。

作者简介：鞠长猛，江苏师范大学澳大利亚研究中心／华侨华人研究中心副教授，历史学博士，"江苏省高校国际问题研究中心"——澳大利亚研究中心成员，研究方向为大洋洲华侨华人史。

华侨华人研究

侨务工作与﹃一带一路﹄建设研究

国际移民与华侨华人研究

20世纪90年代末澳大利亚—中国香港人口迁移潮流的转折及其对澳—亚关系的影响 [①]

——地区史视角

颜　廷

摘要：澳大利亚与中国香港之间跨国人口迁移历史较为悠久，且长期以香港对澳移民为主。但20世纪末澳对香港地区移民人口超越香港地区对澳移民人口，奠定了当代澳大利亚—中国香港人口迁移基本格局。澳大利亚—中国香港人口迁移潮流出现转折性变化，主要因为20世纪90年代澳洲、中国香港经济发展状况对比出现巨大反差，中国香港整体经济发展水平已经赶超澳洲；与澳大利亚相比，中国香港拥有更加得天独厚的创业与职业发展环境；中国香港政府反腐、反黑成效卓著，令法治环境、营商环境有了根本性的改善等。20世纪90年代末以来形成的这种新的澳大利亚—中国香港人口迁移格局，对澳大利亚与亚洲关系带来了诸多影响：促进了澳—亚地区人口交流与互动；深化了澳大利亚与亚洲国家之间的人才交流与融

① 本文为国家社会科学基金一般项目"国际人才竞争视角下的海外华人新移民回流研究"（项目编号：16BRK006）的阶段性研究成果。

通；加强了澳大利亚与亚洲的经济联系。总之，20世纪90年代末以来澳大利亚与中国香港之间人口迁移潮流的深刻转折，拉近了澳大利亚与亚洲之间的关系，进一步推动了不以任何人意志为转移的澳大利亚"融入亚洲"的客观历史进程。

关键词：澳大利亚；中国香港；人口迁移；澳—亚关系

作为南太平洋地区最重要的西方发达国家，澳大利亚毗邻亚洲，同东亚、东南亚、南亚各国皆有着长期经贸交往和社会联系，尤其是随着20世纪90年代初基廷总理提出"全面融入亚洲"战略之后，澳大利亚与亚洲之间经贸、科技、教育合作与交流越来越频繁，从而使得当代澳大利亚与亚洲关系的历史，在很大程度上已经成为一段澳大利亚逐渐融入亚洲的地区经济、社会发展与交融史，[①]并构成了全球化时代以来世界区域经济一体化进程的重要组成部分。对此，学界的相关研

---

① 1989年11月经澳总理霍克倡议成立了亚太经济合作组织（APEC）；1994年4月澳总理基廷倡议成立澳新—东盟自由贸易区；1995年签署《澳大利亚—印尼安全协议》；1994年7月，澳大利亚成为东盟地区论坛（ARF）创始会员国；2015年澳大利亚—中国自由贸易区正式成立，等等。

究成果已比较丰富，^① 然这些成果多集中于考察和研究澳大利亚"融入亚洲"历史进程本身，且尤其注重从澳政府"融入亚洲"政策的变化及澳—亚经贸关系的发展与变迁的角度展开研究，而缺乏对这一进程中人口要素及其作用与影响的考量与评估，这是一个很重要的缺陷。事实上，客观而言，澳大利亚是否会"融入"亚洲，将在多大程度上"融入"亚洲，以及如何"融入"亚洲，本质上属于人的主观认知倾向问题，体现的是一种群体文化价值观与心理认同的变迁，而其最为直观的表现便是其居民在多大程度上愿意与亚洲国家和地区发生直接或间接的工作与生活联系。因之，系统考察澳大利亚与亚洲经济、社会交融发展过程中人口要素变化情况及其究竟发挥了怎样的影响、扮演着何种角色，便十分关键了。而作为 20 世纪八九十年代最为发达的亚洲经济体之一，中国香港与澳大利亚之间的人口迁移^②历史久远、规模较大，影响亦较深远，有着很强的代表性，故而探讨二者之间人口迁移历史与发展变迁，对于深入研究和把握澳大利亚与亚洲地区关系的交融与发展进程，很有必要。而当前学界对于相关问

---

① 相关研究成果主要有如张秋生的《澳大利亚与亚洲关系研究（1940-1995）》（华东师范大学博士学位论文，1999 年）；许善品的《论澳大利亚融入亚洲的进程（1972-2012）》（华东师范大学博士学位论文，2012 年）；张文杰的《澳大利亚亚洲融入研究》（山东大学博士学位论文，2015 年）；汪诗明、王艳芬的《澳大利亚融入亚洲的挑战与机遇》（《世界经济与政治论坛》2000 年第 5 期）；王光厚、袁野的《澳大利亚'融入亚洲'战略论析》（《太平洋学报》2013 年第 9 期），等等。

② 这里指的是移民，而非临时迁移人口。

题的研究较少，①故这一课题研究的学术价值和现实意义不言而喻。

一、澳大利亚—中国香港人口迁移史

澳大利亚与中国香港之间人口迁移历史较悠久，其人口联系经历了一场由弱到强的缓慢变化过程。

（一）殖民地时代至"二战"时期

早在 1851 年，澳大利亚墨尔本地区发现金矿，便有大批华人由香港地区经海路赴澳。只是当时香港开埠未久，人口甚少，1841 年英军占领香港地区时，当地仅有 7450 人左右，多为靠海谋生的渔民，②故而淘金热时期赴澳的香港地区土著人口赴澳者并不多。直至 1901 年澳大利亚第一次人口普查时香港地区华人亦仅有 167 人。③中国香港赴澳大利亚人口既少，由澳大利亚赴中国香港者更为鲜见。当时澳大利亚尚处于经济大开发阶段，人手稀缺，故而也几乎无人离澳赴港，致使这一时期澳大利亚—中国香港之间人口迁移流动规模极小。1901

① 目前仅有李若建的《香港地区外迁人口研究》，(《南方人口》1997 年第 4 期）、杨光的《二战以后从香港地区向澳大利亚人口迁移的历史变动及原因分析》，(《人口与经济》1999 年第 1 期）和颜廷的《移入与回流：澳大利亚香港地区移民迁移趋势的转向及启示》，(《华侨华人历史研究》2017 年第 4 期）等极少数研究论文。

② 卢受采、卢冬青：《香港经济史：公元前约 4000—公元 2000 年》，北京：人民出版社，2004 年，第 74 页。

③ Department of Immigration and Multicultural Affairs, *Immigration*, *Federation to Century's End 1901-2000*, Commonwealth of Australia, 2001, p.18.

年澳建国后奉行种族主义国策，又进一步限制了两地人口迁移流动，直至 1947 年，居澳大利亚香港地区移民亦仅增至 762 人。[①] 由此可见，长期以来澳大利亚—中国香港的人口联系非常弱。但这种情况在 20 世纪 50 年代以后逐渐发生了变化。

（二）20 世纪 50 年代至 70 年代

由于"二战"的影响，20 世纪 50 年代中期以来澳移民政策中的种族主义气质逐渐淡化，[②] 这为澳大利亚—中国香港两地人口交流开启了希望的曙光，使得中国香港地区对澳移民人口逐步增长，由每年数十人增至 70 年代初的三四百人。[③]1973 年工党惠特拉姆政府以多元文化主义为指导，启动了移民政策去种族化进程，更为亚洲人移民澳洲打开了方便之门，使得中国香港地区对澳大利亚移民人口逐年攀升，从 1973—1974 年度的 664 人，直线上升至 1977—1978 年度 1489 人的历史最高峰。[④] 但由于 70 年代澳移民政策实践对多元文化原则贯彻不

---

① Department of Immigration and Multicultural Affairs, *Immigration*, *Federation to Century's End 1901-2000*, Commonwealth of Australia, 2001, p.19.

② 1956 年澳政府规定，凡已居住在澳大利亚的非欧洲人皆有资格取得国籍；澳公民的非欧洲人直系亲属亦可获得永久居留的入境许可。1957 年规定，获临时入境许可者凡在澳居住达 15 年即可取得公民权，1966 年又减为 5 年。1958 年，移民法又取消了移民英语听写能力测试。见颜廷、张秋生：《20 世纪末以来澳大利亚移民政策的转型及其对华人新移民的影响》，《华侨华人历史研究》2014 年第 3 期。

③ Department of Immigration & Border Protection, *Historical Migration Statistics*, Commonwealth of Australia, 2015. 参见其中的 "1.2 Settler arrivals, January 1959 to June 1975" 数据模块。

④ Department of Immigration & Border Protection, *Historical Immigration Statistics*, Commonwealth of Australia, 2015. 参见其中的 "Settler arrivals, January 1959 to June 1975" 数据模块和 "Settler arrivals, 1975–76 to 1994–95" 数据模块。

够彻底，[1] 导致当时澳每年平均 6 万—7 万左右的移民规模中，中国香港地区移民数量实乃无足轻重。而与此同时，因澳大利亚—中国香港之间经济与社会发展水平尚存在较大差距，[2] 澳洲人仍极少去往香港地区工作、生活。可见，与以往相比，20世纪 50 年代以来澳大利亚—中国香港人口迁移流动有了较大变化，却仍不够活跃。直至 80 年代以后，这种情况才有了彻底改变。

（三）20 世纪 80 年代至 90 年代初

在历经多年的高速经济增长之后，20 世纪 80 年代澳洲经济陷入深度衰退，迫使政府努力改变传统那种以矿产、能源等资源性行业为支柱的产业结构，重点发展高科技产业和服务业，这便迫切需要大量专业技术人才。[3] 而长期以来澳移民主要是来自欧洲的亲属移民，无法满足这一需求。为此，从 70年代末以来，澳政府便不得不极力推动移民来源的多元化，确

---

① 主要原因在于两点。其一，澳移民选择更倾向于亲属移民而非技术移民，从而给欧洲白人移民提供了诸多便利，而不利于亚洲移民。主要原因是，由于长期以来澳大利亚人主要为白人移民及其后裔，亚洲移民很少，那么在澳政府移民重视亲属移民而非技术移民的情况下，势必造成欧美白人移民拥有更大的移民便利，可充分利用与澳洲白人居民的亲属关系顺利移民澳洲，亚洲人则绝大多数只能依靠自身技能申请移民，而无亲属移民便利。其二，1973 年澳第一个技术移民评估体制"结构化选择评估体制"（Structured Selection Assessment System）中有太多关于移民申请者主观因素的判断（如是否有同情心、积极主动性等），不够严谨，容易沦为种族主义移民选择的工具，等等。

② 以 1978 年为例，当年澳大利亚人均 GDP（现价美元）为 8240 美元，香港地区仅为 3924 美元。参见世界银行各国人均 GDP（现价美元）数据。

③ 颜廷、张秋生：《20 世纪末以来澳大利亚移民政策的转型及其对华人新移民的影响》，《华侨华人历史研究》2014 年第 3 期。

保移民质量的提升，乃至将大量引进中国的香港、台湾和韩国等新兴亚洲国家和地区那些年轻、有良好教育背景和事业有成的人视为澳洲经济转型成功的重要机遇。[1]而恰在此时，以专业技术人员、行政管理人员、社会工作者、医生、律师等职业人士为代表的香港地区中产阶级兴起，并于80年代进入黄金发展时期，这些人大都拥有较广阔的全球视野、良好的职业素养和教育背景，且有着强烈的对外移民冲动。澳政府在移民政策方面的改革与调整，便为其移民澳洲提供了巨大便利。香港地区对澳移民人口短期内迅速走高：1981—1982年度香港地区对澳移民人口为1295人，至1984—1985年度已达3289人；1989—1990年度达8054人；1990—1991年度则增至其历史最高水平，为13541人。[2]自1981—1982年度以来，数年间香港地区对澳年度移民人口增长约9.5倍。增速之快，史无前例。实际上，亦正因80年代以来香港对澳移民几呈井喷之势，使得居澳的香港地区总人口从1981年的15717人猛增至1991年的57510人，十年间增长了约2.7倍。[3]尤其重要的是，这些香港地区移民整体素质比较高。以1990—1991年度为例，当年度中国香港地区对澳技术移民12053人，[4]占所

---

① Ross Garnaut，*Australia and the Northeast Asian Ascendency*，Canberra：Australian Government Publishing Service，1989，p.292.

② 见"表1：香港地区对澳移民人口"。

③ Department of Immigration and Multicultural Affairs，*Immigration*，*Federation to Century's End 1901-2000*，Commonwealth of Australia，2001，p.19.

④ Department of Immigration and Multicultural and Indigenous Affairs，*Australian Immigration Consolidated Statistics*，*No. 21*，*1999-2000*，Commonwealth of Australia，2002，p.30.

有香港地区对澳移民人口比例高达89%。^①而同一年度澳洲海外移民人口为112300人，其中技术移民为49800人，技术移民所占比例仅为44.3%。^②况且在当年度澳洲海外技术移民中，中国香港地区技术移民所占比例竟高达24.2%。可见，一定程度上，80年代以来香港地区已成为澳经济与社会发展的重要人才供应基地。

表1：香港地区对澳移民人口（单位：人）

年份	移民	年份	移民	年份	移民	年份	移民
1975—1976	897	1985—1986	3118	1995—1996	4361	2005—2006	2162
1976—1977	1102	1986—1987	3403	1996—1997	4191	2006—2007	2101
1977—1978	1489	1987—1988	5571	1997—1998	3445	2007—2008	1784
1978—1979	1180	1988—1989	7307	1998—1999	2251	2008—2009	1480
1979—1980	799	1989—1990	8054	1999—2000	1729	2009—2010	1337
1980—1981	775	1990—1991	13541	2000—2001	1893	2010—2011	1482
1981—1982	1295	1991—1992	12913	2001—2002	1511	2011—2012	1422
1982—1983	1369	1992—1993	6520	2002—2003	1741	2012—2013	1596
1983-1984	2017	1993-1994	3333	2003-2004	2070	2013-2014	1482
1984-1985	3289	1994-1995	4135	2004-2005	2534		

资料来源：有关香港地区对澳移民人口数据，见 Department of Immigration & Border Protection, historical immigration Statistics, Commonwealth of Australia, 2015. 表中相关数据乃由其 "Settler arrivals,

---

① 见"表1：香港地区对澳移民人口"。

② Department of Immigration & Border Protection, *Historical Migration Statistics*, Commonwealth of Australia, 2015. 参见其中的 "Migration Programme outcome by stream, 1983–84 to 2013–14" 模块。

January 1959 to June 1975"、"Settler arrivals，1975–76 to 1994–95"、
"Settler arrivals，1995–96"、"Settler arrivals，1995–96""Permanent
additions，1996–97 to 2007–08""Permanent additions，2008–09 to 2013–
14"等几个数据模块中相关数据集合而成。

　　而在 20 世纪 80 年代以来香港对澳移民人口疯狂攀升之
时，澳洲对香港地区移民人口亦有增长，然数量仍有限。由于
统计资料的缺乏，无法直接获知在 80 年代至 90 年代初这段时
间内澳大利亚移民至香港地区的人口数量，但据 1991 年香港
地区人口普查报告，当年全部居香港地区人口中，日本人列第
一位，为 10850 人，[①]而澳大利亚籍人口数量可能因数量太少
（最多不会超过 1 万人），甚至未能在调查报告中单独列出。即
便这不足 1 万人的澳籍人口皆为 80 年代以来由澳洲移民而
来，则从 1981—1991 年这十年间平均每年澳洲对中国香港移
民人口亦不超过千人，这与 80 年代中后期至 90 年代早期动辄
上万的香港地区对澳移民相比，实在不可同日而语。然而，无
论如何，与以往相比，主要由于 80 年代以来香港地区对澳移
民数量增长相当激进，这段时期两地之间人口迁移行为活跃程
度一定程度上达到了历史顶峰。

　　由上可见，20 世纪七八十年代以来澳大利亚与中国香港
之间人口迁移越来越频繁，人口联系亦越来越紧密。只是这种
人口联系，仍然主要是建立在香港地区对澳移民基础上的，故
而更多地体现的是香港地区居民对澳大利亚社会生活的认同与
向往，从而使之呈现了强烈的单向性特征。而由于澳大利亚对

---

　　①　香港政府统计处：《1991 年人口普查：主要统计表》，第 66-67 页。

中国香港年度移民人口数量过于稀少，亦在一定程度上能够反映出，直至 20 世纪八十年代，澳大利亚公众对中国香港社会认同度不太高。但这种情况在进入 20 世纪 90 年代后发生了重大逆转。

二、澳大利亚—中国香港人口迁移潮流的转折

20 世纪 80 年代至 90 年代初香港地区对澳移民增长极为强劲，形成了一股势不可当的移民潮，与此同时，不仅澳大利亚对中国香港移民人口较少，即便香港地区人移民赴澳后再回流香港者亦甚为鲜见。[①] 然而，进入 90 年代，澳大利亚—中国香港人口迁移格局发生了重大变化：香港地区对澳移民人口迅速缩减，澳对中国香港移民则稳步增长，最终导致澳对中国香港移民人口逐渐超越香港地区对澳移民人口。

为挽救澳洲经济，保障经济结构转型对专业技术人才的需求，[②] 自 1983 年 3 月霍克政府上台执政后便执行大规模移民政策，极力提升技术移民份额，使之从 1983—1984 年度仅 9800 人直增至 1989—1990 年度的 52700 人，平均年增幅高达 73%。[③] 但因引进技术移民同时，政府亲属移民政策仍十分宽松，每年度此类移民始终维持在 6 万—7 万人，远超技术

---

① 见"表 1：香港地区对澳移民人口"。

② 参见前文。

③ Department of Immigration & Border Protection, *historical migration statistics*, Commonwealth of Australia, 2016. 根据其中的"Migration Programme outcome by stream 1983-84 to 2014-15"数据模块相关数据计算得出。

移民，导致澳年度移民总量从 1983—1984 年的 52600 人，迅速增至 1987—1988 年度的 122100 人，之后几年亦未有较大变化。[①]大量移民，尤其非技术移民，给就业市场造成了极大压力。1989 年澳失业率为 6% 多一点，1992 年破 10%，[②]直至 1994 年仍高达 10.5%。[③]国内经济乏力，失业率高企，令公众对政府移民政策产生了怀疑。人们普遍认为，大量移民涌入澳洲，会抢走本地人的工作、削弱工资水平和降低生活条件。他们甚至反对引进技术移民，认为这会使政府和企业雇主不再愿意花钱培训企业员工，[④]从而影响本地技术人才成长。在公众的强烈反对下，[⑤]1991 年底上台执政的基廷政府迅速收缩移民规模，1991—1992 年度降至 9.9 万人，1992—1993 年度又

---

① Department of Immigration & Border Protection, *historical immigration Statistics*, Commonwealth of Australia, 2015. 参见其中的 "Migration Programme outcome by stream, 1983–84 to 2013–14" 模块。

② 斯图亚特·麦金太尔：《澳大利亚史》，潘兴明译，上海：东方出版中心，2009 年，第 224 页。

③ 孙晖明：《澳大利亚经济》，《国际资料信息》1994 年第 10 期。

④ Jams Jupp, *From White Australia to Woomera, The Story of Australia Immigration*, Cambridge & New York: Cambrige University Press, 2002, p.50.

⑤ 1988 年 8 月 1 日，在一档广播访谈节目中，自由党反对派领袖约翰. 霍华德（John Howard）认为，"减少一些亚洲移民" 有助于促进社会的内聚力。1988 年 8 月出版的《澳大利亚人》中的一项调查报告说，"77% 的拥有投票权的人非常同意或部分同意约翰·霍华德关于应减少澳大利亚亚洲移民的观点"。见 Katharine Betts, *The Great Divide: Immigration Politics in Australia*, Sydney, NSW: Duffy and Snellgrove, 1999, pp.290-293.

降至 6.8 万人，此后数年澳移民数始终控制在 6 万—8 万人，^①
这与霍克政府时期相比，减少了 40% 以上。以基廷政府移民
政策调整为起点，20 世纪 90 年代香港地区对澳移民人口迅速
进入下行通道。1991—1992 年度香港地区对澳移民 12913 人，
1992—1993 年度骤降超 50%，仅为 6520 人；1993—1994 年
度再降近 50%，仅为 3333 人。^② 两年之内，香港地区年度移
民人口减少近万人，呈现了极为罕见的断崖式下滑现象。嗣
后，除 1994 年至 1996 年香港地区对澳移民稍有增长，之后
仍一路下滑，至 1999—2000 年度已降至 1729 人，为 1980 年
代中期以来的历史最低水平。^③ 而这一移民数量，与 1990—
1991 年度对澳移民最高峰时期的 13541 人相比，已下滑 6.8
倍，平均年降幅高达 75.9%。

在 20 世纪 90 年代中后期香港地区对澳移民人口急速下
滑的同时，由澳洲移民香港地区的人口却越来越多，从而形
成了澳大利亚—中国香港之间相互迁移人口一消一长的局面。
1995—1996 年度澳大利亚对中国香港移民尚仅为 1575 人，至
1999—2000 年度已达 3346 人，^④ 对中国香港移民人口年增幅
高达 22.5%。不仅如此，澳大利亚对中国香港移民人口还逐渐
超越了香港地区对澳大利亚移民人口。1995—1996 年度，香

---

① Department of Immigration & Border Protection, *Historical Immigration Statistics*,
Commonwealth of Australia, 2015. 参见其中的 "Migration Programme Outcome by Stream,
1983-84 to 2013-14" 模块。

② 见 "表 1：香港地区对澳移民人口"。

③ 见 "表 1：香港地区对澳移民人口"。

④ 见 "表 2：澳大利亚—中国香港迁移人口"。

港地区对澳移民人口尚超澳洲对中国香港移民人口2786人，至1997—1998年度下滑至1563人，而至1998—1999年度澳洲对中国香港移民人口便已超过香港地区对澳洲移民人口，只是当时二者差额尚小，仅为594人，1999—2000年度便扩大为1617人。① 这在一定程度上意味着，20世纪90年代末以来澳大利亚—中国香港人口迁移格局正在发生着具有深远意义的转折性变化。进入21世纪之后，一直以来澳大利亚—中国香港人口迁移发展趋势也更切实地证明了这一点。

① 根据"表2：澳大利亚—中国香港迁移人口"相关数据计算得出。

表 2：澳大利亚—中国香港迁移人口（单位：人；%）

年份	澳对香港地区移民								香港地区对澳移民
	总数	澳洲出生		海外出生					
		人口总数占比		人口总数占比		香港地区出生占比		他国出生占比		
1995—1996	1575	426	27.0%	1149	73.0%	687	43.6%	462	29.3%	4361
1996—1997	1781	449	25.2%	1332	74.8%	854	48.0%	478	26.8%	4191
1997—1998	1882	496	26.4%	1386	73.6%	903	48.0%	483	25.7%	3445
1998—1999	2845	882	31.0%	2023	71.1%	1205	42.4%	818	28.8%	2251
1999—2000	3346	988	29.5%	2358	70.5%	1353	40.4%	1005	30.0%	1729
2000—2001	3942	1230	31.2%	2712	68.8%	1476	37.4%	1236	31.4%	1893
2001—2002	3828	1320	34.5%	2508	65.5%	1473	38.5%	1035	27.0%	1511
2002—2003	4234	1652	39.0%	2582	61.0%	1467	34.6%	1115	26.3%	1741
2003—2004	4420	1538	34.8%	2882	65.2%	—	—	—	—	2070
2004—2005	4850	1684	34.7%	3166	65.3%	—	—	—	—	2534
2005—2006	5379	1925	35.8%	3454	64.2%	1869	34.7%	1585	29.5%	2162
2006—2007	5435	2048	37.7%	3387	62.3%	1718	31.6%	1669	30.7%	2101
2007—2008	5543	2069	37.3%	3474	62.7%	1714	30.9%	1760	31.8%	1784
2008—2009	5898	2218	37.6%	3680	62.4%	1747	29.6%	1933	32.8%	1480
2009—2010	6120	2197	35.9%	3923	64.1%	1886	30.8%	2037	33.3%	1337
2010—2011	6635	2546	38.4%	4089	61.6%	2027	30.6%	2062	31.1%	1482

注：他国出生数据乃根据海外出生移民香港地区的人口数减去香港地区出生移民香港地区的人口数得来。

数据来源：Emigration 2005-06（Department of Immigration and Citizenship, Commonwealth of Australia, 2007.），p.35；Emigration 2010-11（Department of Immigration and Citizenship, Commonwealth of Australia, 2011.），p.35；Historical Migration Statistics（Department of Immigration and Citizenship, Commonwealth of Australia 2015.）中的"Permanent additions, 1996–97 to 2007–08"和"Permanent additions, 2008–09 to 2013–14"两个数据模块。

为了解决因经济繁荣而带来的澳洲劳动力市场技术人才短缺问题，在工商企业界推动下，[①] 新千年来澳政府重启大规模移民计划，使海外移民人口从 2000—2001 年度的 80597 人迅速增至 2005—2006 年度的 142933 人，至 2012—2013 年度已达 190000 人的历史最高水平。[②] 十年内澳年度移民人口增幅高达 1.36 倍。而在这大量海外移民人口中，香港地区移民数量始终较少，尤其是 2007—2008 年度以来每年仅为 1300—1500 人，[③] 与此同时，澳洲对中国香港移民人口却继续保持增长：2000—2001 年度澳洲对中国香港移民为 3942 人，2004—2005 年度增至 4850 人，2010—2011 年度已达 6635 人。[④] 由于新千年以来香港地区对澳移民人口几无增长，甚至略有下滑，这便使得澳洲对中国香港移民人口与香港地区对澳移民人口之间的差额呈持续拉大的趋势，从 2000—2001 年度 2049 人扩大至 2010—2011 年度的 5153 人。[⑤] 由此可见，20 世纪 90 年代末以来澳大利亚—中国香港两地跨国人口迁移潮流的

---

① 1999 年 2 月，澳洲商业和工业协会在《时代》杂志撰文称，1990 年代中期较低移民水平已 "对大多数的商业和工业带来了不利影响"。见 Pratt, Richard, 'Dynamism, Immigration and History's Lesson about the Source of Australian Prosperity', in Steve Vizard, *Australia's Population Challenge*, Camberwell, VIC：Penguin, 2003.

② Department of Immigration & Border Protection, *Historical Migration Statistics, Commonwealth of Australia* 2018. 见其中的 "Australia's permanent migration outcome by stream，1984–85 to 2016–17"。

③ 见 "表 1：香港地区对澳移民人口"。

④ 见 "表 2：澳大利亚—中国香港迁移人口"。

⑤ 根据 "表 2：澳大利亚—中国香港迁移人口" 相关数据计算得出。

转折性变化，并非短期性历史现象，本质上它标志了近十余年来两地跨国人口迁移新格局的形成。从国际人力资源竞争的角度来看，这表明香港地区竞争优势已全面超越澳大利亚。事实上，香港地区对澳竞争优势的全面超越并不仅仅体现在澳大利亚—中国香港迁移人口数量变化上，亦体现在双方间迁移人口结构的变化上：

第一，香港地区对澳技术移民比例不断下降，整体移民素质有所下滑。在香港地区对澳移民人口数量大幅下滑的同时，其移民人口中的技术移民比重亦有较大幅度下降，从1990—1991年度的95.6%，直降至1995—1996年度的70.3%，之后稍有增长，但1999—2000年度再降至72.7%。而进入新千年后，总体趋势更呈下滑态势，至2011—2012年之后更低至45.3%，之后虽又有增长，却已难达2000年以前的水平了。[①]这表明，香港地区对澳移民人口不仅总量在大幅持续下滑，且移民人口质量亦大不如以前，已经有越来越多的香港地区居民，主要是通过亲属移民方式获得澳洲居留权，却往往缺乏澳洲经济、社会发展所需的专业技能，亦无较好的教育背景或英语语言能力。

---

① 参见"表3：香港地区对澳技术移民人口比例"。

表 3：香港地区对澳技术移民人口比例（单位：人、%）

年份	技术移民	家庭移民	移民总数	技术移民比例	年份	技术移民	家庭移民	移民总数	技术移民比例
1990—1991	12503	561	12613	95.6%	2003—2004	1,532	713	2249	68.1%
1991—1992	9028	706	9732	92.8%	2004—2005	1,904	569	2477	76.9%
1992—1993	2809	881	3689	76.1%	2005—2006	1,939	585	2528	76.7%
1993—1994	2612	733	3341	78.2%	2006—2007	1,515	673	2188	69.2%
1994—1995	2597	829	3424	75.8%	2007—2008	1,314	604	1922	68.4%
1995—1996	2294	972	3263	70.3%	2008—2009	918	785	1707	53.8%
1996—1997	2589	599	3188	81.2%	2009—2010	499	547	1050	47.5%
1997—1998	2332	427	2759	84.5%	2010—2011	631	530	1165	54.2%
1998—1999	1015	225	1240	81.9%	2011—2012	471	564	1039	45.3%
1999—2000	722	271	993	72.7%	2012—2013	674	660	1338	50.4%
2000—2001	1,106	404	1516	73.0%	2013—2014	797	642	1439	55.4%
2001—2002	916	435	1359	67.4%	2014—2015	869	709	1578	55.1%
2002—2003	1,364	523	1894	72.0%	2015—2016	1,085	763	1852	58.6%

资料来源：Department of Immigration & Multicultural and Indigenous, Consolidated Immigration 1999—20000, Commonwealth of Australia 2002, p30, p.32；Departmentof HomeAffairs, *Historical Migration Statistics*, Commonwealth of Australia, 2018, 参见其中的 "The permanent migration program outcome by stream and citizenship, 1996—97 to 206—17" 数据模块。

注：澳大利亚移民人口类别主要包括：技术移民、家庭移民、难民和人道主义移民。因本文研究不涉及难民和人道主义移民，故表中并未列出其相关数据。与技术移民和家庭移民情况不同，有些年份澳大利亚接收了难民和人道主义移民，有些年份并未接收。故而使得本表中技术移民和家庭移民数量之和未必一定和移民总数相吻合。

第二，澳大利亚对中国香港移民中，与香港地区较少或无渊源的移民人口比重越来越大。一直以来，澳大利亚对中国香港移民大致可分三类人群：澳大利亚出生者、中国香港出生者、世界其他国家或地区出生者。从20世纪90年代中期至21世纪初，各类人群对中国香港移民人口数量皆呈直线上升趋势。但就其各自所占澳对港移民人口比例而言，则变化各有不同。在20世纪90年代中后期，在每年度澳洲对中国香港移民人口中，中国香港出生者人口数量优势① 比较明显，接近澳全部对中国香港移民人口的一半，② 而澳洲出生的移民及世界其他国家或地区出生的移民分别所占澳大利亚对中国香港全部移民人口比例在大多数年份皆不超过30%。③ 然而从20世纪90年代末至21世纪初，情况有了较大变化：澳大利亚全部对中国香港移民中，中国香港出生者比例从1997—1998年的48%持续下滑至2006—2007年度的31.6%，之后一直在30%上下浮动；澳洲出生者人口比例则从1996—1997年25.2%的历史低位，增至2002—2003年度的39%，之后多年在37%上下浮动；世界其他国家或地区出生者人口比例增长不甚明显，仅从20世纪90年代末约为28%的平均比例，增至21世纪初的31%左右。可见，21世纪以来，在澳洲全部对中国香港移民中，澳洲出生人群、中国香港出生人群、世界其他国家或地区出生人群所占比例已从中国香港出生人口占明显优势，

① 本质上，这批人实际上是由澳洲回流香港的群体。

② 在20世纪90年代之前，此类群体占澳对港移民人口比例更高。

③ 参见"表2：澳大利亚—中国香港迁移人口"。

转变为三者大致比例相若，澳洲出生人口稍占优势的基本格局。而由于澳洲出生移民、世界其他国家或地区出生的移民与中国香港的之间关联度远不及中国香港出生者，却占澳洲对香港地区移民人口总量 2/3 强，这充分说明，21 世纪初以来香港地区国际人力资源竞争力已越发强劲，已非澳大利亚可比肩。

综上言之，20 世纪 90 年代中后期以来，澳大利亚—中国香港人口迁移潮流发生了深刻的转折性变化，奠定了十余年两地之间人口迁移发展趋势的基础，从而彻底改变了以往那种主要以中国香港对澳移民为主的单向性人口联系，而变成了以澳大利亚对中国香港移民为主的双向性人口联系，从而使得澳大利亚—中国香港有了真正意义上的人口互动与交流。

三、澳大利亚—中国香港迁移人口潮流转折的主要原因

20 世纪 90 年代末以来澳大利亚与中国香港两地间人口迁移潮流之所以发生如此深刻的转折性变化，主要因素如下。

第一，20 世纪 90 年代澳洲、中国香港经济发展状况出现巨大反差。80 年代，澳大利亚与中国香港之间经济发展差距十分明显。依靠得天独厚的资源优势，1982 年澳大利亚人均 GDP 高达 12758.7 美元；当时中国香港经济刚刚进入腾飞时期，人均 GDP 尚仅为 6133.8 美元，二者相差一倍。然而，受 70 年代欧洲经济危机影响，澳洲经济长期陷入低迷，导致 80 年代澳洲 GDP 年增长率平均仅为 3.4%。而政府长期谋求的经济转型，则主要由于亚洲新兴经济体的产业竞争亦归于失败，

这进一步导致经济走向低迷，致使 1991 年澳洲 GDP 甚至为负增长，1992 年亦仅为 0.4%，直至次年才回升至 4.1%。在这样的经济表现下，澳洲就业市场失业率表现糟糕也便是情理之中的了。与此同时，中国香港经济发展则尤为辉煌。依托中国内地改革开放契机，90 年代中国香港经济成功转型为"中国内地特别是华南地区的贸易转口港和服务中心"，"并在金融、黄金及外汇买卖方面与伦敦、纽约及东京并驾齐驱。中国香港也是全球最繁忙的港口之一，拥有全球最高之货柜吞吐量，多年来服务业的急速增长，已令中国香港在服务业出口方面位列全球第十"。[①] 产业结构转型成功，带来了经济持续高速增长。按现价美元计算，1988 年中国香港人均 GDP 为 10609.7 美元，至 1993 年已达 20395.5 美元，一举超过澳大利亚、加拿大等香港地区居民传统移民目的地国家，且在不断缩小与美国的差距。而至 1997 年香港回归前夕，已增至 27330 美元。在整个 80 年代，香港地区 GDP 增速一度高达 10% 以上，年均 GDP 增速亦达 7.4%。至 90 年代，香港地区 GDP 增速虽有放缓，但仍超过澳大利亚。经济高速增长，与西方发达国家差距不断缩小，大大削弱了香港地区居民对外移民动力。90 年代初，香港地区对外移民人口历史最高峰时约为每年 6 万人，至 1996 年时已降至 40300 人，1997 年时则仅为 30900 人，至 2000 年则仅为 11900 人。[②] 可见，与 20 世纪 80 年代末 90 年代初相比，21 世纪初香港地区居民移民热情已大为衰减，且

---

① 冯邦彦：《香港产业结构研究》，北京：经济管理出版社，2002 年，第 25 页。

② 当时香港地区对外移民主要目的地为美国、澳大利亚、加拿大三国。

其对外来移民的吸引力亦与日俱增，使得许多已移居澳洲的香港地区华人，乃至澳洲其他族裔人士越来越多地来到香港地区寻找发展机会。

第二，与澳大利亚相比，香港地区拥有更加得天独厚的创业与职业发展环境。受英国殖民统治时期，香港实行全方位开放的自由港政策，主要包括贸易自由、投资自由、企业经营自由、融资与汇兑自由、人员流动自由等，且实行企业低税率政策[1]。只是由于港英政府长期将之定位为国际贸易转口港，使得自由港政策利好并不能在塑造民众创业与职业发展环境方面充分发挥其优势。然而20世纪五六十年代以来香港地区逐渐转向发展轻纺、成衣、电子、洗化、塑胶等轻工业之后，这种自由港政策与企业低税率政策对于激发人们的创新创业热情，从而在促进香港地区实现从国际转口贸易港向全球制造业中心转变过程中发挥了关键性的作用。尤其是20世纪八九十年代以来，由于香港地区商业竞争透明度越来越高、融资渠道更加广泛[2]、绝大部分进出口商品免税[3]，加之企业经营税费低廉[4]，

---

① 以1982年为例，当年中国香港地区的公司税率16.5%；而澳大利亚则高达46%。见郑德良编著：《现代香港经济》（第三版），广州：中山大学出版社，1993年，第95页。

② 由于政府奉行不干预经济的政策，国际资本可随意进出香港，故而企业融资渠道相对更加便利、畅通。

③ 进出口商品除烟、酒、碳氢油类和甲醇四类货品外，一律免税。

④ 除企业税率低外，公司注册成本也不多，20世纪八九十年代，当时有限公司注册费为600港元，另加每千元注册额交6港元。无限公司注册费450港元。本地资本与外地资本一视同仁。见吕桐生、裴浩林主编：《台湾香港经济研究》，北京：农村读物出版社，1989年，第383页。

大幅度降低了企业经营成本，更使得香港地区社会成为全球少见的中小企业创业天堂和国际资本投资宝地。以 1996 年9 月数据为例，当时香港地区共有 26000 多家企业，其中仅有 12 家企业雇员超过 1000 人，36 家企业雇员数量为 500—999 人；而雇员少于 50 人的企业占了 96%，少于 10 人的占了78.7%。[①] 可见，香港地区的确是世界上少有的创业乐土，能够为创业人群提供得天独厚的创业与职业发展环境，这一点远非执行高福利、高税收制度的澳洲社会可比。不仅如此，由于香港地区经济自由度十分高，长期排名世界首位，被视为全球最开放的外向型经济体，加之其背靠中国内地，有着宏阔的市场纵深，发展前景十分可期，非但中小企业创业热情高涨，全球各类资本巨头亦十分看好香港地区发展前景，诸多跨国集团公司纷纷在香港地区设立各类地区总部或分公司，至 1996 年时此类公司总数已达 700 家。[②] 与此同时，全球最大的 100 家银行，亦有 85 家在香港地区设立分行。[③] 可见，中国香港地区的全球经济地位十分重要。而跨国公司与投资集团云集中国香港，因其能够提供更多的高端职位与更好的职业发展前景，这对国际人才而言极具诱惑力。

第三，中国香港政府反腐、反黑成效卓著，令法治环境、

---

① 郑佩玉、李开云编：《"九七"后香港经济社会研究》，广州：广东经济出版社，2002 年，第 141 页。

② 郝在今：《英雄莫问出处：香港的移民与出入境》，北京：人民文学出版社，1997 年，第 97 页。

③ 郝在今：《英雄莫问出处：香港的移民与出入境》，北京：人民文学出版社，1997 年，第 94 页。

营商环境有了根本性的改善。由于历史原因，20世纪七八十年代香港地区的经济飞速发展，然贪腐之风与黑社会犯罪却一直是香港地区社会的痼疾。在当时，以权钱交易方式进行公共资源配置成为通行的社会潜规则，导致"普通大众除了胼手胝足谋生，还要被迫行贿。……违规人士只要贿赂官员，便不会被检控。贪官利用职权不断获取金钱和利益，劳苦大众辛苦赚来的钱却仅足糊口，社会公义无法彰显，不公平现象俯拾皆是"①。那时，贪污腐败已成一种社会生活风气，而公职人员，尤其警察队伍贪腐更是成为一种生活方式。② 这便导致日常生活中人们价值观扭曲，往往习惯于采取行贿走后门等非正常社会处事方式，私人公司更是多以行贿方式争取生意，与政府雇员及其他私营机构雇员作"台底交易"。③ 更为严重的是，在贪腐、贿赂公行的社会环境下，黑社会活动越发泛滥，渗入经济与社会生活的方方面面。在那个年代，"香港的黑社会组织数量之多，为世界各华人社会所少见，活动之频繁，也为其他各地所没有"④。为敛取钱财，黑社会组织（如新义安、大圈帮、14K等）从事各种走私活动，牟取暴利；想方设法控制利润较丰的各类正当行业，并进行敲诈勒索等，严重影响了香港正常的经济社会秩序。事实上，20世纪七八十年代黑社会势

195

① 香港廉政公署：《凝聚群力共建廉政：廉政公署三十年》，2005年，第10页。

② 郭国松：《香港廉政公署：30年肃贪所向披靡》，《21世纪经济报道》，2005年4月4日。

③ 陈永革：《论香港廉政公署制度的特色及其对内地廉政法治的启示》，《清华法学》2003年第三辑。

④ 《黑社会组织与香港治安》，《山西文史资料》1996年第6期。

力影响之大，乃至有部分人竟可堂而皇之地参选香港地区各区议员，从而影响立法机构，更有甚者，在违法犯罪活动中敢于同警方武装抗衡。[①]公职人员腐败，黑社会横行，严重威胁香港地区社会安定，令普通百姓难以安居乐业，更对正常的工商业发展极具破坏性。为打击腐败，香港政府于1974年成立廉政公署，先后解决了以香港警察部队为代表的政府机构腐败问题，以及以商业贿赂为主要表现形式的私营部门腐败问题，从而使得香港社会逐渐成长为了一个拥有"广泛民意且能够持续支持政府反腐败的公民社会"。[②]且与此同时，香港政府反黑成绩亦有目共睹。20世纪80年代以来，香港政府加强反黑立法，增拨反黑经费，加强警察部队反黑力量，并谋求国际合作、在群众中展开反黑群防群治。这一系列工作最终取得了较大成效，使得90年代以来的中国香港逐渐成为世界上治安最为良好的地区之一，其罪案率始终比东京、伦敦、纽约、多伦多、巴黎、伦敦等世界主要城市都要低得多，[③]进而使得香港地区居民比较有安全感，且法治亦逐渐成为当前香港地区人们

---

① 参阅彭邦富：《香港黑社会组织的现状与趋势（一）》，《公安大学学报》1996年第2期。

② 赵岚：《20世纪90年代以来香港的廉政建设及启示》，《政治学研究》2009年第1期。

③ 钟华、陈曦：《香港的犯罪与被害趋势及相关司法政策回顾》，《广西大学学报》2013年第4期。

的最大骄傲，^①从而为海外投资与高端人才创业提供了一个越来越文明、高效、廉洁的营商环境。

综言之，本质上，主要由于上述各种经济与社会因素综合作用的结果，逐渐提升了香港地区综合实力与国际竞争力，从而为"人"的发展提供了更强有力的保障与十分可期的未来前景，从而引发了 20 世纪 90 年代末以来澳大利亚—中国香港人口迁移潮流的巨大转折性变化，进而对澳—亚关系的发展产生了深远的影响。

四、澳大利亚—中国香港人口迁移潮流变化对澳—亚关系的影响

作为一种国际人口现象，20 世纪 90 年代末以来澳大利亚—中国香港两地人口迁移潮流发生转折性变化，形成了以澳大利亚对中国香港移民为主的真正双向互动的跨国人口迁移新格局，这本身便切实地表明澳大利亚融入亚洲的客观历史进程一直在持续、稳步推进。不仅如此，这一变化还直接或间接地影响到了澳大利亚与整个亚洲之间人口交流与互动、人才竞争与合作，以及地区经贸关系的发展，从而在更广泛的经济社会层面促进了澳大利亚融入亚洲的历史进程。

第一，在很大程度上影响了亚洲地区对澳跨国人口迁移

① T. Wing Lo，"Resistance to the Mainlandization of Criminal Justice Practices: A Barrier to the Development of Restorative Justice in Hong Kong"，*International Journal of Offender Therapy and Comparative Criminology*，2011（4）:627-645. 转引自钟华、陈曦：《香港的犯罪与被害趋势及相关司法政策回顾》，《广西大学学报》2013 年第 4 期。

趋势，促进了澳—亚地区人口交流与互动。这主要表现在两方面：其一，中国内地迅速取代香港成为澳大利亚最大的亚洲移民来源地。20世纪90年代以来中国内地改革开放不断深入，经济持续腾飞，对外移民随之蔚然成风，加之政府放开了因私出国限制，大量人口便越来越多地涌向欧美发达国家。1991—1992年度，香港地区移民占澳大利亚全部亚洲移民总数比例高达23.7%，当时中国内地移民所占比例尚仅为6.2%；而随后香港地区居民对澳移民热情迅速退却，这便为中国内地人口移民澳洲减少了诸多竞争压力，使得在澳大利亚对香港地区移民人口刚刚超过香港地区对澳移民人口的1998—1999年度，中国内地对澳移民人口已占澳大利亚全部亚洲移民人口总数的21.8%，超过对澳移民人口第二位的菲律宾11.8%约10个百分点，而此时香港移民比例已降至6.7%，数年之间，沧海桑田。事实上，从1995—1996年度以来，中国内地对澳移民人口占澳全部亚洲移民人口总数比例很少低于20%。而反观香港，从1999—2000年度以来，其对澳移民人口占澳全部亚洲移民数量比例已不足5%，且仍持续走低。其二，进一步改变了亚洲对澳人口流失的整体局面，令澳大利亚对亚洲局部地区形成了人口逆流格局。由于经济与社会发展的巨大差距，长期以来澳大利亚与亚洲之间的跨国人口迁移流动主要以亚洲对澳移民为主，且数量越来越大，从1975—1976年度不足万人直增至1990—1991年度的6万余人，2007—2008年度已超 9 万人，2012—2013 年度更逼近 13 万人。[1]而在亚洲对澳汹涌的移民洪流中，作为 20 世纪 80 年代"亚洲四小龙"重要成员，中国香港与新加坡一起，率先扭转了对澳人口流失的局面。1997—1998 年度，新加坡对澳移民人口为 873 人，而澳对新移民人口为 1253 人，首次令澳对新移民人口超过新加坡对澳移民人口。之后情况虽有反复，但整体而言，二者差距越拉越大，至 2010—2011 年度澳对新移民数量已超过新对澳移民数量 3.4 倍，绝对差额为 5369 人。[2]几乎与此同时，如前所述，1998—1999 年度澳大利亚对中国香港移民人口亦首度超过中国香港对澳移民人口，之后二者之间这种数量上的绝对差距持续拉大，且未曾出现新加坡对澳移民人口再度超越澳对新移民人口这种反复的情况，以至 2010—2011 年度澳大利亚对中国香港移民人口已超过中国香港对澳大利亚移民人口 3.5 倍，二者绝对差额则高达 5153 人。[3]可见，由于澳大利亚—中国香港、澳大利亚—新加坡人口迁移格局的重大变化，在很大程度上已经改变了多年来亚洲地区对澳移民呈现单一人口流失的局面，从而形成了相对复杂多样的跨国人口迁移格局，进

---

[1] Department of Immigration & Border Protection, *Historical Migration Statistics*, Commonwealth of Australia, 2016. 根据其中"Settler arrivals，1975–76 to 1994–95"、"Settler arrivals，1995–96""Permanent additions，1996–97 to 2007–08"、"Permanent additions-revised overseas arrivals and departure statistics，2008–09 to 2014–15"等数据模块中数据计算得出。

[2] Department of Immigration & Border Protection, Historical Migration Statistics, Commonwealth of Australia 2016. 根据其中"Permanent additions，1996–97 to 2007–08"、"Permanent additions-revised overseas arrivals and departure statistics，2008–09 to 2014–15"等数据模块中的数据计算得出。

[3] 见"表 2：澳大利亚—中国香港迁移人口"。

而促进了澳大利亚与亚洲地区的人口交融、互动与相互了解。

第二，客观上造成了澳—港双方的国际人才竞争，加剧了以中国内地和印度为代表的亚洲国家的人才外流局面，亦深化了澳大利亚与亚洲国家之间的人才交流与融通。如前述，20世纪80年代以来香港地区一直是澳大利亚重要的国际人才供应基地，更是其主要的亚洲专业技术人才来源地。然而，20世纪90年代末以来香港地区已成长为澳大利亚在亚洲地区国际人才竞争的强有力对手，这便导致在20世纪90年代后期澳大利亚政府进行移民政策改革[①]以吸引海外专业技术人才来澳定居之时，不得不将人才引进视角转向亚洲其他国家和地区。实际上，从20世纪90年代中后期以来，这些移民政策或人才政策的实施，越来越多地吸引了主要来自印度与中国内地的亚洲人才大量流向澳大利亚。1996—1997年度中国内地对澳人才流失尚仅为2065人，至2003—2004年度便已增至8741人，2010—2011年度更高达20441人；与此同时，印度对澳人才流失亦逐年大幅增加，从1996—1997年度的2098人，至2001—2002年已增至6056人，至2012—2013年度甚至高达33515人。[②]从20世纪90年代中后期以来，印度与中国内地十余年间对澳年度流失人才皆增加了十倍左右，速度之快，

---

① 主要举措有：大力限制亲属移民和人道主义移民，强力支持技术移民，包括大量扩容技术移民配额、放开留学生永居签证政策、创立新的457临时移民签证制度和地区担保移民制度，等等。参见颜廷、张秋生：《20世纪末以来澳大利亚移民政策的转型及其对华人新移民的影响》，《华侨华人历史研究》2014年第3期。

② Department of Immigration & Border Protection, Historical Migration Statistics, Commonwealth of Australia2016.参见其中的"Migration Programme outcome by stream and citizenship, 1996–97 to 2014–15"数据模块。

令人咂舌。而这些来自印度和中国内地的专业技术人才所占澳全部海外专业技术移民总数比例亦几乎呈直线上升态势：1996年仅为 12%，2003—2004 年增至 25%，2012—2013 年则达 39% 的历史高峰。[①] 可见，从 90 年代中后期以来，以印度和中国内地为代表的亚洲国家对澳大利亚人才需求的重要性，从而加剧了亚洲其他国家和地区的对外人才流失。但是，从另一个侧面来说，由于外流人才与祖籍国之间仍然有着千丝万缕的经济社会联系和血脉亲情，并不会完全切断与祖籍国社会的联系，反而往往会通过国际合作与交流、技术顾问咨询、人才培训、参加学术研讨等各种方式继续服务母国或地区经济与社会发展，从而使得这种人才流失转化成为某种意义上的国家或地区之间的人才交流与合作，[②] 从而在一定程度上会拓展、深化澳大利亚与亚洲国家之间的文化、科技与社会联系。

第三，进一步推动了澳大利亚—中国香港经贸关系的发展，从而加强了澳大利亚与亚洲之间的经济互通与交融。人口的迁移，始终伴随着资本、商品、科技、服务的流动与合作。究其本质在于，人口的迁移必然会带来资讯、信息的传播与流动，从而扩大、加深国家或地区之间的相互了解与认知，进而构建开展进一步经济、科技合作与交流的信任基

---

① Department of Immigration & Border Protection, Historical Migration Statistics, Commonwealth of Australia, 2016. 根 据 其 中 的 "Migration Programme outcome by stream and citizenship, 1996–97 to 2014–15" 数据模块中的数据计算得出。计算方法为：将每一年度印度和中国内地的对澳技术移民人口相加，除以当年度澳大利亚全部海外技术移民人口总数。

② 王辉耀、刘国福主编：《中国国际移民报告》，北京：社会科学文献出版社，2012 年，第 79 页。

础，事实上，20世纪90年代末以来澳大利亚对港移民人口迅速增长，亦切实地推进了澳大利亚—中国香港之间经贸关系的迅速发展：其一，澳大利亚对中国香港转口贸易额大幅增长。[①] 从20世纪90年代至21世纪初这十余年间，澳大利亚及大洋洲对中国香港整体转口贸易额一直徘徊在200亿美元左右，鲜有突破，但21世纪初便大幅上扬，从2003年的248亿美元直升至2007年的377亿美元左右，到2011年更上涨至467亿美元，数年之间，增幅高达1倍多。[②] 而这些转口贸易商品，主要便是针对亚洲市场，尤其是中国市场。

表4：澳大利亚及大洋洲转口贸易数额（单位：百万美元）

年份	数量	年份	数量	年份	数量	年份	数量
1978	387	1988	5826	1998	20787	2008	42240
1979	510	1989	7536	1999	21166	2009	38811
1980	634	1990	7821	2000	23447	2010	41799
1981	891	1991	9635	2001	20566	2011	46704
1982	1010	1992	12551	2002	21946	2012	44563
1983	1299	1993	14079	2003	24824	2013	41917
1984	1952	1994	17083	2004	28518	2014	39515
1985	1859	1995	19470	2005	29667	2015	41123
1986	2464	1996	20477	2006	30840		
1987	3888	1997	21635	2007	37730		

资料来源：香港统计年刊。

---

① 参见"表4：澳大利亚及大洋洲转口贸易数额"。

② 虽然上述数据为大洋洲整体转口贸易数据，但作为大洋洲地区经济最发达、经济规模最大的经济体，大洋洲对港转口贸易额中大部分为澳大利亚的贡献，因而上述数据的分析仍然有较大的参考意义。

其二，澳大利亚—中国香港之间双边服务贸易额持续、有效增长。[①]1998年前后数年澳大利亚及大洋洲对港服务输出额一直维持在100亿美元上下，新千年初之后呈直线上升态势，至2010年已高达220亿美元，同样增长了1倍。而同一时期香港地区对澳大利亚及大洋洲服务输出额度亦呈迅速上升态势，且增幅、贸易额亦与澳大利亚及大洋洲对中国香港服务输出额大致相若。

表5：香港地区与澳大利亚、大洋洲之间服务贸易年度总额
（单位：百万美元）

澳大利亚及大洋洲对香港地区服务输出				香港地区对澳大利亚及大洋洲服务输出			
年份	数量	年份	数量	年份	数量	年份	数量
1995	7777	2005	17731	1995	6247	2005	13433
1996	9538	2006	17970	1996	6303	2006	16632
1997	9974	2007	18977	1997	7228	2007	18268
1998	11295	2008	19787	1998	7672	2008	21733
1999	10767	2009	18470	1999	6015	2009	19953
2000	11461	2010	22033	2000	6257	2010	20941
2001	12219	2011	23994	2001	6504	2011	23119
2002	13118	2012	23779	2002	5049	2012	24562
2003	14090	2013	24125	2003	6163	2013	23070
2004	16616	2014	24548	2004	10016	2014	22690

资料来源：香港统计年刊。

---

① 参见"表5：香港地区与澳大利亚、大洋洲之间服务贸易年度总额"。

其三，澳大利亚—中国香港相互直接投资皆迅猛增长。[①]20 世纪 90 年代中前期，澳大利亚—中国香港相互直接投资额有限，且增长相对乏力。从 1992—1993 年度至 1998—1999 年度，6 年间香港地区对澳年均直接投资仅 167.3 亿美元，区间年增幅仅 7.5%；从 1992—1993 年度至 1999—2000 年度澳对港年均投资仅 81.5 亿美元，区间年增幅仅 3.3%。从 20 世纪 90 年代末始，情况剧变。从 1998—1999 年度至 2007—2008 年度，九年间香港地区对澳年均直接投资已达 375.3 亿美元，区间年增幅高达 22.3%；而从 1999—2000 年度至 2008—2009 年度，9 年间澳大利亚对香港地区年均直接投资则高达 155.6 亿美元，区间年增幅更高达 29%。此后，随着澳对港移民人口持续保持高位，双边直接投资仍保持了整体上升的态势。可见，20 世纪 90 年代末以来，澳大利亚—中国香港经贸关系发展的成就可谓巨大。但需要特别指出的是，澳大利亚对香港经贸投资关系之所以能够发展如此迅速，本质上是由于香港地处亚洲腹地，是世界第三大国际金融中心、贸易转口港及服务中心，澳大利亚需要以香港地区为桥头堡推进对亚洲（尤其中国内地）的转口贸易、投资及服务出口。事实上，亦正由于近十余年来经济持续繁荣与发展的亚洲对澳大利亚经济重要性持续提升，澳各大跨国公司越来越重视香港地区对于拓展其亚洲国际业务的重要价值和意义，纷纷提升其驻香港地区办事处规格，而成为地区办事处或地区总部，从而使得澳跨国

---

① 参见"表 6：澳大利亚—香港地区双边直接投资金额"。

公司驻香港地区办事处数量从 1996 年的仅 26 家 [1] 增至 2000 年的 42 家 [2]，至 2005 年便已达 69 家 [3] 的历史最高水平；驻香港地区总部数量从 1993 年的仅 8 家，增至 2003 年 22 家，[4] 至 2015 年已达 40 家。[5]

[1] 香港政府统计处：《香港统计年刊》（2007 年版），第 125 页。
[2] 香港政府统计处：《香港统计年刊》（2006 年版），第 125 页。
[3] 香港政府统计处：《香港统计年刊》（2006 年版），第 125 页。
[4] 香港政府统计处：《香港统计年刊》（2004 年版），第 119 页。
[5] 香港政府统计处：《香港统计年刊》（2016 年版），第 186 页。

表6：澳大利亚—香港地区双边直接投资金额（单位：百万美元）

年份	香港地区对澳直接投资	澳对香港地区直接投资	年份	香港地区对澳直接投资	澳对香港地区直接投资	年份	香港地区对澳直接投资	澳对香港地区直接投资
1992—1993	12388	6842	2000—2001	31974	12534	2008—2009	42692	30302
1993—1994	15402	7011	2001—2002	35568	12988	2009—2010	42041	30609
1994—1995	16150	7479	2002—2003	27833	13624	2010—2011	44377	22330
1995—1996	17289	8659	2003—2004	29282	12680	2011—2012	53179	26638
1996—1997	19735	8842	2004—2005	31571	10398	2012—2013	63567	31857
1997—1998	18180	9755	2005—2006	38873	16492	2013—2014	74125	46252
1998—1999	17996	8177	2006—2007	45933	17451	2014—2015	86337	48472
1999—2000	24584	8400	2007—2008	54172	20773	2015—2016	102196	50906

资料来源：Australian Bureau of Statistics, International Investment Position, Australia: Supplementary Statistics, 2017, Commonwealth of Australia 2018. 见其中的"Australian Investment Abroad: Level of Investment by Country and Country Groups by type of investment and year（$million）"数据模块。

此外，20世纪90年代末以来澳大利亚—中国香港人口迁移潮流发生了如此重要的深刻变化，使得以往那种主要以香港地区对澳移民为主的单向人口联系变成了以澳大利亚对中国香港移民为主的双向人口联系，还在一定程度上推动了澳大利亚与亚洲其他国家和地区之间在政治、法律、科技、宗教、文化、艺术、教育、大众传媒、体育等众多领域的相互学习、沟通与了解。

五、结语

自从20世纪70年代惠特拉姆政府将战略重心由欧洲转移到了亚太以来，从地区史的视角来看，一部当代澳大利亚史，在一定程度上便是一部澳大利亚融入亚洲的历史。[①] 而在区域融入的过程中，人的因素始终是最为核心的要素。没有人口的跨国、跨区域流动，也便谈不上澳大利亚与亚洲国家、地区之间在文化心理和历史传统上的相互了解和把握、在意识形态和制度模式上的相互理解和包容，从而真正推动其经济与社会发展的互为融通与良性互动。而20世纪90年代中后期以来澳大利亚与香港之间人口迁移潮流的深刻转折，即是澳大利亚融入亚洲进程的一次标志性事件。多年来，香港地区对澳移民人口迅速下滑，而澳大利亚对中国香港移民人口持续、稳定上升，首次使得澳大利亚对中国香港移民人口超越香港地区对澳移民

---

① 参阅许善品：《论澳大利亚融入亚洲的进程（1972—2012）》，华东师范大学博士学位论文，2012年。

人口，在一定程度上表明，澳大利亚人对香港地区的公众认知与社会评价越来越积极，认同度越来越高，这才使得越来越多的澳洲人愿意移民、定居香港地区，主动接触亚洲，了解亚洲。本质上，这意味着澳洲社会对香港地区及其所代表的亚洲地区的看法在发生渐变，已经从以往的不认同，乃至于排斥，逐渐走向接纳、认同，从而开启了不以任何人意志为转移的澳大利亚"融入亚洲"的客观历史进程。而因澳大利亚—中国香港人口迁移潮流转折性变化所引发的澳大利亚与亚洲之间的进一步人口交流与互动、人才竞争与合作，以及地区经贸关系的发展等，无疑又从另一个层面强化了澳大利亚融入亚洲的历史进程，使之无法脱离这一总的发展方向。

208

作者简介：颜廷，江苏师范大学澳大利亚研究中心/华侨华人研究中心副教授，历史学博士，"江苏省高校国际问题研究中心"——澳大利亚研究中心成员，主要研究方向为澳大利亚史、华侨华人研究。

澳大利亚霍克政府移民政策改革述评

花宇晨、颜 廷

摘要：本文通过对霍克政府时期澳大利亚移民政策改革的分析，认为此时期的移民政策改革主要是在"菲茨杰拉德报告"和"加诺特报告"的指导下进行的，最终形成了以技术移民为核心的移民选择体系，并为未来澳大利亚联邦政府的移民政策的调整奠定基调。霍克政府时期移民政策改革对澳大利亚的影响主要表现在亚裔移民增多、人口老龄化趋势得以缓解、多元文化社会不断发展以及促进澳亚关系和平发展等方面。

关键词：澳大利亚；霍克政府；移民政策

作为典型的西方发达移民国家，移民政策一直是澳大利亚调节人口数量、满足经济和社会发展对劳动力需求的重要工具。但因其长期奉行"白澳政策"，排斥有色人种入境，一直广受诟病，这种情况直到"二战"后才有所转变。特别是到了20世纪80年代，霍克政府执政时期对澳大利亚的移民政策作出根本性改革，使得移民选择关注重心不再是人种和族裔血统，而是转向了移民申请者的专业技术能力，这对未来澳大利

亚的经济社会发展产生了至关重要的影响。然而，尽管霍克政府移民政策改革比较重要，学界却缺乏相关专门研究成果，大多只是在澳大利亚移民问题相关研究成果中略有涉及，① 这使得对其展开更为系统、专门的考察与研究显得尤为必要。

一、"二战"后至 20 世纪 80 年代初的澳大利亚移民政策

"二战"后至 20 世纪 80 年代初，澳大利亚移民政策大致经历了两大发展阶段：

（一）"二战"后至 20 世纪 60 年代末 70 年代初：从种族同化政策到一体化政策

"二战"后，澳联邦建设民族国家的中心内容之一就是移民政策改革。此前，澳大利亚一直实行"白澳政策"，不愿意接受除英国以外的移民入境。"二战"结束后，世界形势发生了重大变化。战后初期，为加强国防建设和尽快恢复经济，澳大利亚对劳动力人口的需求越来越急迫，而与此同时，传统上以英国人为主导的欧洲白人移民越来越少，这迫使澳大利亚不

---

① 目前国外著作中主要有 Pholip Ruddock 的 Immigration Federation to Century's End, 1901—2000（2001），James Jupp 的 From White Australia to Woomera: The Story of Australian Immigration（2007），Victoria Mence，Simone Gangell 和 Ryan Tebb 的 A History of the Department of Immigration—ManagingMigration to Australia（2017）。国内的著作主要有宗晓东、张元主编的《移民澳大利亚》（2003）；张秋生的《澳大利亚亚洲移民政策与亚洲新移民问题研究——20 世纪 70 年代以来》（2018）。国内的相关论文主要有张秋生的《略论"二战"后 20 世纪 70 年代澳大利亚亚洲移民政策的重大调整》（2003）；王婷婷的《澳大利亚技术移民政策的研究》（2011）；颜廷、张秋生的《20 世纪末以来澳大利亚移民政策的转型及其对华人新移民的影响》（2014）。

得不考虑在移民选择问题上放宽种族主义限制，允许部分非白人移民来澳定居生活，尽可能扩大移民来源，以尽快解决劳动力短缺问题。1947 年，澳大利亚允许在本国居住超过 15 年的非欧洲国家移民可根据本人意愿选择居留与否，不用再定期向移民局申请；1956 年澳政府规定，凡已居住在澳大利亚的非欧洲人有资格取得国籍，澳大利亚公民的非欧洲人直系亲属亦可获得永久居留的入境许可；1957 年规定，获临时入境许可者凡在澳居住达 15 年即可取得公民权；1958 年，移民法又取消了移民英语听写能力测试。[①] 然而，在放宽非欧洲人移民澳洲的同时，为确保澳大利亚民族文化同质性，澳大利亚政府又公开宣称要实施种族同化政策，要求移民必须接纳澳大利亚的生活方式，完全放弃自己的民族、文化、宗教等身份，从而完全彻底地融入一个同质、单一的澳大利亚社会中，导致战后初期以来的一系列移民政策调整与改革效果并不甚佳，并未很好地解决澳大利亚劳动力短缺问题。这迫使澳大利亚政府不得不在移民选择问题上，进一步去种族化，尝试实施一体化政策。1966 年，澳大利亚总理霍特宣布实行新的移民政策规定：非欧洲裔澳籍公民的配偶、子女、父母、未婚妻（夫）均可以公民资格入境，以"临时入境许可"身份入澳的非欧洲人居住满5 年后有资格先后申请为居民和公民，有特殊专长或一定资本的非欧洲人可申请"临时入境许可"。[②] 从而进一步放宽了非

---

① 颜廷、张秋生：《20 世纪末以来澳大利亚移民政策的转型及其对华人新移民的影响》，《华侨华人历史研究》，2014 年第 3 期。

② Yearbook Bureau of Census and Statistics, *Official Yearbook*, 1966, p.220.

欧洲人移民澳大利亚的门槛。随着大量非欧洲移民入境，为维护社会稳定，澳大利亚要求在澳大利亚主体文化的基础上借鉴新移民文化共同融合形成新的澳大利亚文化，进而实现族群融合与文化一体化。然而，澳联邦倡导的新的"澳大利亚文化"始终没有形成，以白人文化为主体融合外来移民文化的政策，本身便含有深深的种族歧视意味，这就导致非欧洲移民始终无法真正融入澳大利亚社会，从而始终处于主流社会边缘，并产生了一种严重的被排斥感，大量移民入境后又很容易选择离开，致使劳动力短缺的问题仍未解决。最终，澳大利亚政府不得不努力彻底消除移民选择时的种族因素，开始实施多元文化政策。

（二）20 世纪 70 年代以来多元文化政策的兴起

鉴于一体化政策实施步履维艰，澳大利亚政府逐渐意识到尊重移民文化、摒弃种族移民倾向的重要性。因此，1972 年惠特拉姆上台后，联邦政府正式推行多元文化政策，并公开宣布取消对白人移民的优待。1973 年，惠特拉姆政府宣称澳移民政策已不存在人种、肤色和国籍的歧视。在制定移民政策时，澳政府将移民的技术和能力作为准入条件，制定了"结构化选择评估体制"，这是澳大利亚历史上第一个在去种族化的基础上设计的移民制度。但是，澳政府制定政策的经验不足，所以该体制实施中仍带有诸如"同情心""积极主动性"等对移民的主观判断因素，准入条件也较为模糊，最终仍有为种族移民服务之嫌，没有达到联邦政府预期的效果。可见，澳大利亚想要真正摒除移民选择时的主观因素，需制定更为公正客观的移民政策。故而，1979 年弗雷泽政府又出台了"量化多因素评估体制"。与前者相比，该体制致力于强化英语水平、教育背景等对移民素质的客观评估，要求为移民的经济因素和个人因素打分，并以积分表的形式进行呈现。然而，将这两种因素设计成两份相同分数的表格，只能考察申请者的综合素质水平，并未能突出其专业技术能力，无法针对澳大利亚的需求选择专业的技术人才。这使得澳大利亚移民政策改革仍任重而道远。

二、霍克政府时期移民政策改革

长期以来，澳大利亚的经济过于依赖矿产、能源出口。20世纪 80 年代全球经济危机爆发，西方各国实行贸易保护主义政策，严格控制进口他国商品。受此影响，澳大利亚经济形势恶化，1982 年至 1983 年度国内生产总值下降 2%，失业率上升到 11%。[①] 为恢复经济和维护社会稳定，霍克政府推行经济理性主义，将经济发展重心转向第三产业和高科技产品，这就需要更多的技术人才和财力作支持，但是澳大利亚的专业技术人才已无法满足经济和技术的发展需要。因而，霍克政府提出："在当前这个时代，高素质人才是国家成功的关键因素，技术移民对于提升澳大利亚经济以及国际竞争力尤为重要。"[②] 随之，

① 陈翠华：《澳大利亚总理罗伯特·詹姆斯·李·霍克》，《世界经济与政治内参》，1987 年 5 月 1 日。

② Department of Immigration and Multicultural Affairs of Australia, Immigration Federation to Century's End: 1901—2000, 2001, p.21.

1988 年的"菲茨杰拉德报告"和 1989 年的"加诺特报告"相继出台，前者主张将移民重点从对家庭和人道主义移民转向被视为"人力资本"的技术移民，后者还特别指出澳大利亚要从亚洲引进年轻有为的技术人才，特别是东亚地区。这两个报告均指出移民局需加强移民选择的专业化，且移民政策的重点应是技能而非人道主义或家庭类别。与此同时，霍克政府还受到强调"预算限制、人力资本和管理自主"①的经济理性主义和强调"劳动工人必须有较高的教育背景，以求在后工业时代创造更高的经济价值"②的经济合作与发展组织两者的影响，要求其对技术移民政策进行适当修改。也就是在上述情况之下，霍克政府开始了一系列以引进技术移民为宗旨的移民政策改革。

（一）不断提升技术移民配额

霍克执政初期技术移民人数较少，直到 1986 年人数才大幅度增长，并在 1988—1990 年达到历史巅峰。1985—1986 年技术移民人数为 16600 人，1986—1987 增加到 29100 人，1987 年到 1988 年技术移民涨幅最高达 46.39%。除 1990—1991 年技术移民人数略有下降以外，霍克执政时期技术移民人数整体呈上升趋势。此外，霍克执政时期技术移民所占比例也在不断上升。1984—1985 年和 1985—1986 年技术移民人数分别仅占移民总数的 18.90% 和 20.75%。直到霍克政府完

---

① James Jupp, *From White Australia to Woomera: The Story of Australian Immigration*, New York: Cambridge University Press, 2002, p.48.

② Department of Immigration and Multicultural Affairs of Australia, *Immigration Federation to Century's End: 1901—2000*, 2001, p.21.

善技术移民遴选标准后，技术移民所占比例大幅度上涨，至1989—1990 年其占比已经上升到 44.59%。①

表 1：1984—1991 年澳大利亚技术移民人数及其占比（单位：人）

年份	家庭团聚移民	技术移民	总人数	技术移民占比
1984–1985	44200	10300	54500	18.90%
1985–1986	63400	16600	80000	20.75%
1986–1987	72600	29100	101700	28.61%
1987–1988	79500	42600	122100	34.89%
1988–1989	72700	52000	124700	41.70%
1989–1990	66600	53600	120200	44.59%
1990–1991	61300	51000	112200	45.45%

资料来源：表中数据根据 Historical Population Statistics（Australian Bureau of Statistics，Commonwealth of Australia，2020）中 "Table 3.1 Australia's permanent migration outcome by stream，1984–85 to 2018–19" 的数据组块整理而来。

（二）进一步完善技术移民的遴选标准

1982 年，在 "量化多因素评估体制" 的基础上，联邦政府又出台了新的 "移民评估体制"。旨在考察申请者的教育情况、英语水平，更为重视申请者的专业技术技能，并给予更多的积分。但是该体制在技术移民遴选标准上，仍存在主观因素影响和可操作性不强的问题，这使得霍克政府需要进一步完善遴选体制。为此，霍克政府于 1989 年开始实行 "浮动计分审

---

① 以上数据见 "表 1：1984-1991 年澳大利亚技术移民人数及其占比"。

核制度”，目的是让移民完成联邦政府提供的评分测试。[①]该制度对申请者进行审查的主要内容有年龄、英语、学历、技能等，同时能够根据国家发展的需要对评分标准和分数分配进行适当调整（见表 2）。这一制度加强了国家对移民的选择，为澳大利亚吸引了国家建设所需要的年轻、懂英语、具有国际视野的各种专业技术人才。

表 2：部分评分项目及其分数配额[②]（单位：分）

评分项目	具体内容	得分数	评分项目	具体内容	得分数
年龄	18—24 岁	25 分	十年内境外从事申请的技术或者是与此密切相关职业	满 36 个月	5 分
	25—32 岁	30 分		满 60 个月	10 分
	33—39 岁	25 分		满 96 个月	15 分
	40—44 岁	15 分	十年内境内从事申请的技术或者是与此密切相关职业	满 12 个月	5 分
雅思分数	6 分	0 分		满 36 个月	10 分
	7 分	10 分		满 60 个月	15 分
	8 分	20 分		满 96 个月	20 分
学历	博士	20 分			
	学士学位	15 分			
	政府承认的毕业文凭	10 分			
	政府承认的专业资格证书	10 分			
	技工证书	10 分			

① James Jupp, *From White Australia to Woomera: The Story of Australian Immigration*, New York：Cambridge University Press, 2002, p.49.

② Australian Department of Immigration and Citizenship, *Points Based Skilled Migration*（*subclasses 189, 190 and 489*）*visa*, p.19-29.

与之前诸多的移民政策相比，浮动积分审核制度在很多方面作了调整：其一，明确了关于申请者各方面的评分标准，尽可能降低在引进技术移民时的主观因素，从"年龄""雅思分数""学历"和"技术"等几个客观方面审核申请者的综合素质；其二，没有规定申请者应具备的具体技术，表中"技术"所指的具体内容可以根据政府的实际需要进行调整，这样使技术移民的遴选标准更为专业化，也更贴合国家的发展需要；其三，具有一定的延续性，不同时期的政府在接纳技术移民时可以适当修改评分标准，不必再次进行大范围的改革。这样澳大利亚政府在选择技术移民上掌握了主动权，能够根据需要主动筛选适应期更短的申请者，并让他们在较长时间内为国家创造经济价值。

（三）大力推进商业投资移民

由于澳大利业发展经济需要大量的财力支持，因此在对技术移民政策改革时，霍克政府还格外关注引进商业移民。1984年，霍克政府同意发展商业移民项目。随着商业移民入境，霍克政府意识到他们不仅不会对国内未就业人口寻找就业机会带来影响，而且能给澳大利亚经济发展带来大量资金。为吸引具有商业管理经验的移民、引入外来投资，霍克政府在1987年颁布了新的商业移民计划，规定：从1988年6月1日开始每年澳大利亚将吸收1.2万名商业移民入境，[①]并要求每个商业移

① 张秋生：《澳大利亚亚洲移民政策与亚洲新移民问题研究——20世纪70年代以来》，北京：社会科学文献出版社，2018年，第100页。

民至少需要在澳大利亚投资 50 万澳元。该计划没有对申请者的来源、性别等作出规定，因而无疑对亚裔移民更有利。随着大量亚裔商业移民的入境，霍克政府意识到来自中国台湾、中国香港、中国大陆、马来西亚等国家和地区的移民能为澳大利亚带来更多的资金和就业机会。因此，其不断完善商业移民政策，以吸引更多的亚裔商业移民。

综上言之，在"菲茨杰拉德报告"和"加诺特报告"的指导下，霍克政府的移民政策改革着眼于技术移民，在制度设计上越来越注重移民的经济潜力和经济收益率，并强调政府对移民的主动选择。这意味着，在其执政期间澳大利亚的移民政策已经完成转型，形成了一种以技术移民为中心的新移民选择体制，并为 21 世纪以来澳洲经济的持续繁荣与高速发展奠定了坚实的人力资源基础。

三、霍克政府移民政策改革的影响

霍克政府时期以引进海外技术人才为核心的移民政策改革，对澳大利亚经济社会发展产生了深远的影响。

其一，促进了多元文化社会的发展。霍克政府对移民政策的改革，使得澳大利亚的人口来源更加多元化。1983 年，澳大利亚来自欧洲人口的有 23749 人，占比达 34.51%；来自亚洲的人口为 26184 人，占比 38.05%。到 1990 年，亚裔人口上涨到 60906 人，占比增长至 50.05%，来自欧洲的人数虽有上涨但是比例下降至 25.86%，其余地区的移民人数占比，除北美外，较之 1983 年都有增长。① 由此可见，在霍克政府时期澳大利亚的人口主要来源地已经从欧洲转向亚洲，不仅如此，来自其他地区的人口数量也有一定增长，澳大利亚的人口来源不再依赖欧洲。总的来说，在霍克政府执政期间，多样化的人口来源带来了丰富的民族文化，促进了各民族的交流，进而推动了多元文化社会的发展。

表 3：1983 年和 1990 年澳大利亚人口的来源地区（单位：人）

主要地区	1983 年		1990 年	
	人口	%	人口	%
亚洲	26184	38.05	60906	50.05
欧洲	23749	34.51	31468	25.86
大洋洲	7297	10.60	10970	9.01
苏联和波罗的海地区	185	0.27	865	0.71
北非和中东	3929	5.71	7154	5.88
非洲（不包括北非）	3097	4.50	3728	3.06
北美	2271	3.30	2811	2.31
南美洲、中美洲和加勒比地区	2097	3.05	3745	3.08
其他地区	4	0	41	0.03
总计	68813	100	121688	100

资料来源：表中数据根据 Historical Population Statistics（Australian Bureau of Statistics，Commonwealth of Australia，2020） 中 "Table 1.3 Settler arrivals，1975–76 to 1994–95" 的数据组块整理而来。

其二，亚裔移民逐渐增多，成为澳大利亚主要移民群体。20 世纪 80 年代以来，霍克政府时期的移民政策改革进一步

---

① 以上数据见 "表 3：1983 年和 1990 年澳大利亚人口的来源地区"。

消除对性别、婚姻状况、国籍的歧视，使澳大利亚的移民来源地有了明显的变化，其中最明显的就是亚裔人口明显增多。1983 年澳大利亚亚洲移民人数为 26184 人，到了 1986 年亚洲移民人数大幅增长，从 1985 年的 30583 人增长到 38235 人。此后，移民人数稳步增长，到 1990 年达到峰值为 121688 人。不仅是人数上的增长，亚洲移民占澳移民总数的比例于 1985 年后也呈上升趋势。1985 年亚洲移民的占比为 33.0%，到 1990 年亚洲移民人数已经占澳移民总数的一半以上。[①]

表 4：1983—1990 年澳大利亚亚洲移民及比例（单位：人）

年份	亚洲移民人数	澳移民总人口	亚洲移民占澳移民人口总数比例
1983	26184	68813	38.1%
1984	30612	77508	39.5%
1985	30583	92590	33.0%
1986	38235	113541	33.7%
1987	48832	143466	34.0%
1988	54601	145316	37.6%
1989	50607	121277	41.7%
1990	60906	121688	50.1%

资料来源：表中数据根据 Historical Population Statistics（Australian Bureau of Statistics，Commonwealth of Australia，2020）中 "Table 1.3 Settler arrivals，1975–76 to 1994–95" 的数据组块整理而来。

其三，海外移民成为澳大利亚劳动力的主要来源，有力地

---

① 以上数据见 "表 4：1983—1990 年澳大利亚亚洲移民及比例"。

缓解了澳大利亚社会人口老龄化问题。长期以来澳大利亚人口增长缓慢，导致劳动力缺乏，且人口老龄化问题严重。1986年澳大利亚的老年人（65岁及以上）已经有164万人，占总人口的10.6%，而25—64岁的青壮年劳动力仅有771.97万人，仅占总人口的49.5%。霍克政府的技术移民改革倾向于选择更年轻的申请者，这就为澳大利亚的经济发展提供了充足的劳动力。到1991年，澳大利亚的25—64岁的人口已增长至835.57万人。[①] 此外，1983年澳大利亚的净海外移民人数仅为49098人，之后开始逐年增加，1987年和1988年的净海外移民人数甚至超过了人口自然增长数，到1988年净海外移民人数达到峰值为157436人。[②] 这表明，海外移民为澳大利亚补充了充足的劳动力，并在一定程度上缓解了其人口老龄化问题。

表5：澳大利亚人口结构特征：1986和1991年（单位：千人；%）

年龄	1986年		1991年	
	千人	%	千人	%
0—14	3636.8	23.3	3727.4	22.1
15—24	2598.9	16.7	2685.3	15.9
25—44	4752.7	30.5	5290.6	31.4
45—64	2967.0	19.0	3245.1	19.3
65及以上	1646.7	10.6	1900.9	11.3

资料来源：表中数据根据 Social Change and Cultural Transformation in

---

① 以上数据见"表5：澳大利亚人口结构特征：1986和1991年"。

② 以上数据见"表6：1983—1991年澳大利亚人口增长情况"。

Australia（Adam Jamrozik，ect，New York：Cambridge University Press，1995，p.44）整理而来。

表 6：1983—1991 年澳大利亚人口增长情况（单位：人）

年份	自然增长人数	净海外移民人数
1983	129657	49098
1984	127617	73708
1985	123046	100359
1986	126658	125730
1987	125737	149341
1988	131388	157436
1989	132409	124647
1990	141586	86432
1991	138350	68580

资料来源：表中数据根据 Migration to Australia Since Federation：AGuide to The Statistics（Janet Phillips and Michael Klapdor，Department of Home Affairs，p.16）整理而来。

其四，推动澳亚关系稳步发展。20 世纪 80 年代以前，澳大利亚与西方大国间的政治、经济交往更为密切，而与亚洲诸国的来往较少。随着霍克政府的移民政策改革，澳大利亚的亚裔移民逐渐增多，澳亚关系迎来新的发展契机。一方面，亚洲移民带来了新的生活方式和工作习惯，他们与澳洲人共同劳动和生活。随着双方交流的不断深入，澳洲人也逐渐打破对亚洲固有的偏见，许多澳洲人称赞亚洲移民"具有澳洲人所不具备的优秀品质"，以唐人街华人文化为代表的东方文化，已成为澳大利亚多元文化中引以为荣的重要组成部分。另一方面，霍克政府的商业移民政策为澳大利亚吸引了大量亚洲商业移民和资金，从而加强了澳亚之间的贸易联系。其中，中澳之间的经贸往来发展尤为迅速，据中国海关统计的数据显示，1989 年中澳贸易额达到 18.90 亿美元，创下当时的历史最高纪录，比 1980 年的 12.87 亿美元增长了 47%。[①] 由此可见，随着亚裔移民的到来，澳大利亚从官方到民间对亚洲的认识都在发生转变。因而，澳大利亚在外交政策上转向亚洲，澳亚关系迎来新的发展机遇。

四、小结

霍克政府时期澳大利亚的移民结构发生了根本性转变，这与其对移民政策改革并最终形成了以技术移民为核心的新移民选择体系密切相关。而当专业技术能力成为移民遴选的主要标准时，就意味着澳大利亚的移民政策已经日臻完善。也就是从这个角度上来说，霍克政府移民政策改革奠定了当代澳大利亚技术移民政策发展与完善的基础。

作者简介：花宇晨，江苏师范大学历史文化与旅游学院硕士研究生，主要研究方向为澳大利亚史；颜廷，江苏师范大学澳大利亚研究中心／华侨华人研究中心副教授，历史学博士，"江苏省高校国际问题研究中心"——澳大利亚研究中心成员，主要研究方向为澳大利亚史、华侨华人研究。

---

① 段锡平、杨微等编著：《走向澳大利亚市场：澳大利亚经济概览》，上海：上海社会科学院出版社，2000 年，第 33 页。

1884—1889 年澳大利亚凯恩斯媒体对华侨华人的歧视

——基于《凯恩斯邮报》新闻报道的分析

朱博文、马丽莉

摘要：19 世纪末，随着"黄祸论"流行和"白澳政策"实施，澳大利亚开始歧视和排挤华侨华人。昆士兰州的《凯恩斯邮报》在 1884 年至 1889 年间，发表了大量关于华侨华人的报道，较为全面揭示了澳大利亚排华运动的兴起过程，展示了华侨华人真实的生活处境，体现出澳洲排华反华的动机等。相关报道产生了严重的负面影响，反映出澳大利亚极为狭隘的民族观。

关键词：凯恩斯；华侨华人；《凯恩斯邮报》；种族歧视

19 世纪中期，澳大利亚出现"淘金热"，需要大批劳动力开采金矿，吸引着世界各地的劳工前来。昆士兰州的矿产资源尤为丰富，大批华人劳工定居于此，该州北部城市凯恩斯因对移民相对"宽容"而迅速成为华侨华人的重要聚居地。随着华侨华人成为当地重要族群，1884—1889 年间，凯恩斯市官媒《凯恩斯邮报》(*Cairns Post*)中关于华侨华人的报道逐步增多，内容涉及工作、生活、犯罪等多方面。相关内容无疑是研究当时华侨华人问题的重要参考资料，可以为探究澳洲社会对华侨华人的态度、华侨华人的生活状况以及澳大利亚种族主义问题提供原始资料。

一、歧视华侨华人浪潮的兴起

1880—1883 年，凯恩斯当地报刊关于华人的报道数量较少，且主要内容为广告和讣告等，鲜有涉及华侨华人的社会活动。1883 年 5 月 10 日《凯恩斯邮报》创刊后，该报对华侨华人群体有所关注，刊发了一些相关文章，逐步成为当地探讨华侨华人问题的重要媒体。

从该报的新闻内容看，《凯恩斯邮报》对华侨华人十分敌视，经常发表反华报道。1884 年 2 月 28 日，其以简讯形式报道了刚提交议会 7 天的《中国移民法修正案》，内容为"布里斯班举行反华会议：建议修改中国移民法案以进一步限制中国移民——要求增加人头税和对移民数量的限制"。这是该报首次发表涉及反华话题的新闻。随后几个月中，《凯恩斯邮报》又陆续发表了多篇报道，涉及反对中国移民、呼吁更改移民政策等内容。虽然有排华倾向，但并未使用种族歧视性的和具有攻击性的语言，体现出一定的"种族宽容"度。

然而，随着澳大利亚种族关系恶化，多数地区放弃了"种

族宽容"思想，凯恩斯市也深受影响，民众的思想迅速向种族主义和排外主义转变。对此，澳大利亚学者梅凯娣曾评价道，"一个世纪之前，在那些持有进步思想的澳大利亚白人看来，凯恩斯（按：奉行'种族宽容'的）种族关系就是一个笑柄和丑闻"。在他们看来，凯恩斯地区对其他种族的容忍是可耻的，该市应该像那些南方"进步分子"一样对华人公然歧视。①

从 1886 年开始，《凯恩斯邮报》中涉及华侨华人的报道表现出对该群体的公然贬低和恶意排斥。1886 年 2 月 18 日该报的一篇报道围绕"是否应该接纳中国移民"展开讨论。作者虽然主张接纳华工，但言语中充满了对华侨华人的种族歧视，"中国人并不能对白人构成威胁，他们是劣等种族，他们智力低下，当然在某些方面他们可能有些用处"。在他看来，华侨华人"天然低白人一等"，因此不会对白人构成实质性的威胁。澳大利亚不应嫌弃"华侨华人智力低下"，而应充分利用他们的劳工为白人服务。

1886 年 11 月 25 日，《凯恩斯邮报》开始炒作"布里斯班信件"（Our Brisbane Letter），蓄意抹黑华侨华人。在报道中，该报提到一名叫隋周龙（音译，Soy Chow Long）的华人，称其在凯恩斯的皇后街经营一家比较高端的商店，并且效益很好，已经形成一定的规模。但作者显然不认可隋周龙的成功，反而称其"如果没有欧洲人的资助，不可能在

---

① May Cathie R., "*Topsawyers: the Chinese in Cairns 1870 to 1920*". Department of History & Politics, James Cook University, 1996, Foreword.

我们繁华的街区经营一家如此高端的商店"。继而,作者认为"澳大利亚接受中国人是一种罪恶"。在他看来,欧洲人来到澳大利亚投资是"天神降临",而中国人进入澳大利亚则是"害虫爬入"。"天神"与"害虫"分别对应着澳大利亚的白种人和黄种人,前者被奉为神明,后者被视为蝼蚁。同年12月2日,《凯恩斯邮报》直接刊发"反华情绪日益高涨"的标题,可见该报已经开始将"反华"作为新的浪潮。1887年4月28日,在南方等媒体的推波助澜下,该报公然使用"Chinkies"(中国佬)这样带有侮辱性的词语指代中国人。

不过,从《凯恩斯邮报》的报道中可以窥见华侨华人的从业状况。1889年10月16日的一篇报道中,作者批判青年人和部分老年人思想腐化,指责他们流连于妓院,不求上进。虽然整篇文章并没有与华人直接相关的内容,但文中提到,一名英文名叫作约翰的中国人专门向妓院送牛奶,因为妓院都拒绝付款,他没有获得任何报酬。文章的评论部分特别强调,约翰是一名手无缚鸡之力的老实人。在澳大利亚媒体看来,中国人已经渗透凯恩斯的各行各业,但他们无论开商店还是送奶,都是"低下的黄种人"、没有威胁的"老实人"。

二、对华人及其信仰的歧视

虽然凯恩斯当地出现了强烈的反华情绪,但《凯恩斯邮报》仍然不断发布招聘华工的公告。对华工的态度,北昆士兰各级政府往往存在两种极端,其一,认为应该将华工全部驱逐

出境；其二，认为必须保留华工的存在。主张"保留"的一方大部分为欧洲商人，他们认为华人符合他们在凯恩斯的利益。1887年6月17日，《凯恩斯邮报》发表了题为"铁路承包商即将雇用中国劳动力"的文章，文中提到，"已经缴了人头税并服从我们条件的人，必须得到与白人同样的活动空间，可以自由订契约，享受他的劳动成果"。显然，该文章作者站在自身利益出发，试图通过留住华工来增加劳动力，为其创造更多财富。不过，当时的澳大利亚属于典型的"白人社会"，坚持"白人至上"原则，作者并非公开支持华人等非白色人种，而是表达自己的经济观点。随后，作者话锋一转，又阐述了自己的"白人立场"："我们制定的法律几乎都禁止华人入境。但面对我们不断通过立法和种族仇恨而设置的障碍，华人似乎没有被吓到，他们仍然在坚持"。

《凯恩斯邮报》中还报道了华人在凯恩斯犯罪的新闻。1887年9月24日的报道中写道，"一些人因为赌博而获罪——其中四名华人被拘留4天，一名白人被拘留48小时"。这篇报道表明，黄种人和白人之间存在同罪不同罚的情况。而且，报道中的"华人"一次用的是"Chinaman"（中国佬），而不是"Chinese"（中国人）。"Chinaman"是具有侮辱性的称呼，可被翻译成"中国佬""支那人"或"东亚病夫"，体现出凯恩斯媒体对中国人的敌意。

值得注意的是，《凯恩斯邮报》具有明显的"双标"特点。该报在反华报道中大肆使用"Chinaman"，但是涉及劳工的问题时，便使用比较正式的"Chinese"。同一种人，两种称呼，两种身份，至于使用哪个，并不取决于华人自身的特质，而是取决于权力拥有者、媒体操控人的需要，以及宣传的需要和现实的需要。

面对凯恩斯大范围的反华行为，华人进行了一定程度的反抗。1888 年 2 月 22 日的一篇报道中提到，华人在凯恩斯发生群体事件，300 名华人聚众殴打 6 名白人。事件的起因是 6 名欧洲白人闯入中国的寺庙"找点乐子"，他们把寺庙中的神像拖到院子里，举止不仅轻佻，还以极具侮辱性的言语进行辱骂，称呼中国人为"黄色崇拜者"（yellow worshippers），称呼神像为"肥神"（chubby god）[①]。报道不时为白人"正名"，提到"蒙古小矮子们（pigmy Mongolian）先动手的，三百名中国人（Chinamen）攻击六名欧洲人，欧洲人颇具男子气概地表示，即使拖鞋佬[②]们已经受到了很大的损失，但是欧洲人们还是要想方设法让其受到更大的伤害"。

通过这篇报道可见，凯恩斯白人称呼弥勒佛为"肥神"，称呼华人为"异教徒"。欧洲白人主动挑起事端，蓄意破坏中国寺庙的霸凌行为，反而体现了"男子气概"，而华人则是"众不敌寡"的软弱妇孺形象。当时华人已无法忍受白人的歧视，试图反抗，但当地政府颠倒黑白，媒体混淆视听，导致华人不得不面对所谓"宽容"之下的压榨剥削，同时也要遭受部分欧洲人的诋毁，形象受到极大损害。

---

① 应为中国的弥勒佛像。

② 由于当时华人劳工大多穿拖鞋，因此被称为"拖鞋佬"。

三、"浪潮"背后的推手

作为多民族融合的国际大都市，凯恩斯却长期公开排斥华人，其原因是多方面的。首先，媒体的渲染和导向发挥了重要的作用。当时报刊已经成为民众获得新闻的主要方式。《凯恩斯邮报》（1890 年改为《凯恩斯晨报》）作为当地的主流媒体，在凯恩斯具有较大的影响力。该报公然用"Chinkies"（中国佬）侮辱性的词汇来形容华人，虽然完全违背了媒体的公允性以及中立性，但作为一家以营利为目的的媒体，将社会热门话题以博人眼球的方式发表，可以增加报纸的发行量。在以白人居民为主的凯恩斯市，媒体便会主动迎合白种人、贬低黄种人。

其次，国际政局的影响及清政府国际地位低下。1886—1887 年是《凯恩斯邮报》排华反华的高峰时期。其原因在于，1886 年（清光绪十二年）2 月在中国发生了"重庆教案"，重庆城内英法教堂、英领事馆被焚毁，清政府被迫赔偿英法两国二十三万五千两白银。该事件引发了英法两国强烈的仇华情绪。澳大利亚作为英国的殖民地，理所当然地将宗主国的愤怒和不满转嫁到当地华人身上，引发排华情绪。1887 年 1 月《北京条约》订立后，中国半殖民地半封建化进一步加深，清政府面临巨额赔款，经济实力遭受重创，愈加"弱国无外交"，华人受此影响必会遭受不平等待遇。

再次，澳大利亚国内"白澳"思潮的泛滥。1854 年，澳大利亚发生了第一起排华事件①。1861年，新南威尔士州通过第一个排华法案。1880年，在悉尼召开的澳大利亚殖民地会议通过决议，各州决定在排华方面采取一致行动，"白澳政策"初见端倪。到1888年，澳大利亚国内出现了极富煽动性的口号"澳大利亚人的澳大利亚"，推动"白澳政策"在澳大利亚盛行。同年6月，第二次洲际会议在悉尼召开，各殖民地决定对华人采取更严厉的限制，标志着澳大利亚开始全面排华。此时，各殖民地在排华意识、立法措施等方面达成了一致。加之，清政府向澳大利亚输送劳工越来越困难，华人群体的力量不断弱化，在澳的华侨生存环境也日益恶劣。在一系列排华错误意识形态的引导下，反华思想逐步成为主流。

此外，澳大利亚民族心理扭曲。一方面，澳大利亚的民族心理始终存在"恐慌"，进而产生了民族认同方面的扭曲。由于澳大利亚国内亚洲等有色人种移民与白人居民通婚，白人担心"白色澳大利亚"的纯洁将被改变，甚至恐惧自己的家园被侵占，因而产生了所谓的"危机感"。另一方面，澳大利亚作为英国殖民地，对英国及英国文化较为认同，但由于距离英国过于遥远，与英国的联系不够紧密。长此以往，澳大利亚人在民族归属感上产生了严重问题。澳大利亚人从心理上将自己放到"白人优越感"的高度，试图去迎合欧洲人，同时又公开排斥比自己"低一级"的所谓的"有色人种"，以此体现虚无

---

① 1854年6月，维多利亚的欧洲移民举行集会，决定7月4日在本迪戈起事，把华工全部赶出金矿场。

的"优越感"。为了对抗中国文化，澳大利亚媒体一直在贬低中国，把中国文化男性化，而把华人男性女性化。《凯恩斯邮报》1890年11月15日的报纸上有一首打油诗写道：

> 今天洗衣日，阿皂来报道。
>
> 欧洲大爷衣，桶里浸个饱。
>
> 擅长此活计，只有中国佬。
>
> 爷们像娘们，洗衣洗得好。
>
> 靠着肥皂搓，用水少又少。

这首简单而带有侮辱性的诗，反映了华人男性被澳大利亚人严重女性化的形象：勤勤恳恳为"欧洲大爷"洗衣服。在世俗人眼中女人的家务劳动，却成了华人男性的"专职"，映衬出华人"佣人"般的社会地位。

最后，澳大利亚人与华人在民族与文化观念差异较大。澳大利亚人绝大多数都信奉基督教，而华人则是以信仰道教和佛教为主。不同的信仰导致两者在社会观念方面的差异，进而转化为行为的差异，导致华人在澳大利亚很容易被认定为"异类""异教徒"而遭到排斥。此外，华人强调"叶落归根""光宗耀祖"等传统观念，为此华工普遍比较勤劳，能够赚取较高的报酬，但依然省吃俭用，将钱带回家乡，这与澳大利亚人的财富观念完全不同，造成其对于华人的不理解、不认同和不接受。

综上所述，从《凯恩斯邮报》在19世纪80年代对华人的报道看，所谓的排斥华人，其实是排斥中华民族文化，排斥中国人的传统信仰。而造成这种排斥局面的最主要的原因则是澳大利亚人的狭隘心理以及偏见和傲慢。他们害怕被一个民族从地理上、经济上和文化上占领，全然不顾华人为凯恩斯乃至整个澳大利亚作出的贡献。

作者简介： 朱博文，河北师范大学外国语学院研究生，主要研究方向为澳大利亚文学；马丽莉，河北师范大学外国语学院教授，硕士生导师，主要研究方向为澳大利亚文学。

233

书 评

一部澳大利亚土著问题研究的力作

——评杨洪贵教授的《澳大利亚混血土著问题研究》

王宇博

摘要：杨洪贵教授的《澳大利亚混血土著问题研究》吸收澳大利亚学者与国内学者研究成果，以澳大利亚历史发展和国际社会对土著问题的关注为宏观背景，在梳理澳大利亚土著与白人交往历史的基础上，从澳大利亚混血土著问题的由来、澳大利亚政府探索混血土著问题处理方法的历程、混血土著吸收政策的实施、混血土著的生存状态等角度出发，对澳大利亚混血土著问题进行多学科的综合考察，探讨澳大利亚混血土著问题的由来以及澳大利亚政府处理混血土著的政策的观念与政策变化，揭示19世纪末到"二战"前后混血土著问题与澳大利亚现代化发展的关联。杨洪贵教授的《澳大利亚混血土著问题研究》是一部具有创新价值的论著，不仅丰富了我国对于澳大利亚历史研究的学术成果，而且为澳大利亚土著问题研究开拓了空间。

关键词：澳大利亚；混血土著；种族问题；现代化

自英国殖民者踏上澳洲大陆起，土著问题就成为澳洲社会中的种族难题。起初，白人们是以一种好奇的眼光看待土著居民，甚至将土著人连同袋鼠一起运往伦敦供人参观。但不久，他们就意识到澳洲土著是他们征服和开发"新世界"的障碍，于是，多种旨在排斥，甚至是种族灭绝的手段被残酷使用，惨绝人寰。但是，被认为"注定灭绝"的土著在经历过周而复始的灭顶之灾后，依然艰难地存在着。而19世纪70年代是一个膜拜达尔文进化论的时代，社会达尔文主义也随之甚嚣尘上，于是，澳洲土著被当作现代人类社会起源的标本而引起西方学术界的关注，而人类学的兴起则大大推动了对于澳洲土著的学术研究。最初的研究是从人类学学者们使用田野考察方法研究澳洲土著的体质和社会结构，试图从他们的身上探索现代社会结构的起源。美国民族学家、原始社会史学家、《古代社会》的作者L.H.摩尔根对澳洲土著研究就有着浓厚的兴趣。

　　100多年来，澳洲土著问题一直是多种学科的学者们关注的问题，也一直是澳大利亚历史研究中的热点课题之一。自20世纪90年代起，中国学者也愈加关注该问题的研究，并且成果斐然。总的来说，学术界对于澳洲土著问题的研究在不断深入，呈从宏观论述向微观探究的趋势。正是这样的研究趋势使针对土著社会的研究逐渐细化到对土著种族与族群的区分，并加以更为细致与缜密的探讨。于是，作为土著特殊群体的混血土著自然而然越来越受到学者们的重视。在中国学术界，在过去的很长时期里，混血土著问题时常被涉及，但缺少专门的深入探究，而杨洪贵教授的研究则填补了这一学术空白，其论著《澳大利亚混血土著问题研究》以中国学者所特有的视角对该问题进行了深入而详尽的论述与探讨。

英国殖民澳洲后，由于在白人殖民者中男女比例严重失调，白人男性为解决生理问题而以各种各样的方式寻求与土著妇女交往，混血土著问题随之产生。19 世纪以来，在白人殖民者对土著进行的灭绝性攻击中，遭遇灭顶之灾的是纯血统土著，而混血土著则成为英殖民当局及后来的各殖民区责任政府需要严肃对待的社会问题，并逐渐形成了经济吸收与生物吸收两种政策模式。进入 20 世纪后，它仍是联邦政府和各州政府的关注的社会问题，针对土著的同化政策正是针对该群体而制定与实施的。直到第二次世界大战后，政府逐渐放弃了单独的混血土著政策，而是将混血土著与纯血统土著一视同仁，混血土著问题才渐次淡出社会视野。

除导论和结束语外，《澳大利亚混血土著问题研究》以在内容与论述上相互衔接的六个章节，循序渐进地对混血土著问题进行了细致考察和深入探究，抽丝剥茧。具体而论，其研究内容以时间为序，始于 1788 年英国建立澳洲殖民地，终于废除宪法中对土著居民歧视性条款的 1967 年澳大利亚全民公决。在洋洋洒洒的 27 万字篇幅里，逐次解答诸如"为什么澳大利亚社会要对纯血统土著与混血土著进行区分？纯血统土著是如何被当作注定的种族被赶出保留地的？历史上，白人男性与土著妇女之间有过怎样的交往？混血土著是怎样产生的？混血土著对澳大利亚社会构成怎样的威胁？经济吸收模式是如何形成与实施的？生物吸收是如何形成与实施的？政府与社会各界对混血土著吸收政策的反应如何？混血土著的生存状态如何？他们有过怎样的抗争？混血土著吸收政策是如何转向土著同化政策的？

混血土著问题与澳大利亚现代化进程的发展有何关联"等问题的过程中，深入而系统地探究了一系列问题：第一，19世纪早期，相对于对于纯血统土著的灭绝行径，澳洲白人对于混血土著的教化与保护；第二，19世纪时期，混血土著的产生原因、增长情况、分布区域及社会影响等；第三，从19世纪中期到20时期中期，澳洲政府与社会为解决混血土著问题所进行的探索，即吸收政策的内涵与构成；第四，基于"白澳政策"的混血土著吸收政策的实施情况；第五，20世纪上半期，混血土著的生存状态；第六，在第二次世界大战前后，澳大利亚土著政策逐步从混血土著吸收转变为土著同化等。

在世界历史里，种族纯洁与文化同质的单一民族国家曾是西方国家追求的理想社会。为此，许多国家的强势族群利用政府公权力，以各种方式排斥甚至灭绝处于弱势地位的少数族群，犹太人、印第安人等种的遭遇即为一例，而《澳大利亚混血土著问题研究》则揭示出又一例这样一段悲惨的历史。在被认为是"放错位置的欧洲土地"的澳大利亚，混血土著是澳大利亚在特定历史时期，为创造种族纯洁和血统纯正的"白澳"国家提出并以极端手段加以解决的种族问题与社会问题。然而，从效果上看，无论采取生物吸纳的手段，还是实施经济吸纳的措施，非但没有促使混血土著融入白人社会，反而使他们长期陷于苦难，成为游离于两个种族之间的特殊群体。

种族问题是近代以来许多民族国家形成与发展中遇到的最大问题之一，澳大利亚也不例外。澳大利亚民族与民族国家生成于19世纪，与有色人种的关系一直是作为主流社会的"白色澳大利亚"所面临的问题，而土著问题则是其中最具影响的内容。相对于在许多国家或地区对于弱势种族采取暴力灭绝的手段，澳大利亚白人对于混血土著的做法显得相对温和和仁慈，但它仍是以灭绝为终极目的，因此，这个目的依旧是无法达到的。而《澳大利亚混血土著问题研究》对此问题的探究在一定程度上向我们昭示，澳大利亚对于混血土著的"血统改造"不仅是时代的缩影，而且是诸多近现代国家的建构过程中所面临的重要课题，即一个国家中的强势群体该如何处理利益共同体与民族共同体的关系，以及如何将少数群体纳入民族共同体。

在多元化成为世界潮流的今天，研究和反思澳大利亚混血土著的苦难历史，可提醒人们需注重各种族之间的平等相待与和平共处，切不可重蹈前人之覆辙。由此可见，《澳大利亚混血土著问题研究》的学术价值在于有助于进一步探寻澳大利亚土著的历史遭遇及其演变轨迹，展示澳大利亚的民族建构及其过程，进而加深对澳大利亚社会的理解；其现实意义则是有助于促使人们以此为鉴，以理性的态度对待人类社会在现代化进程中处理利益与发展问题。

总而言之，在我国世界史研究，尤其是澳大利亚问题研究中，《澳大利亚混血土著问题研究》是一部具有创新价值的论著。它的问世不仅丰富了我国对于澳大利亚历史研究的学术成果，而且为澳大利亚土著问题研究奠定了基础，开拓了空间。

作者简介：王宇博，苏州大学社会学院历史系教授，博士生导师，研究方向为英国及英联邦国家史、现代化理论问题。

重现尘封的美国排华史

——评琼·菲尔泽的《驱逐：被遗忘的美国排华战争》

刘晓娜、赵辉兵

摘要：美国特拉华大学教授琼·菲尔泽的《驱逐：被遗忘的美国排华战争》，全面阐述了 19 世纪中叶到 20 世纪初的美国排华史。1871 年在洛杉矶发生了对华人的大屠杀，是有史以来最严重的私刑案。1875 年美国国会通过了《佩奇法》，该法限制华人妇女入境；而后，美国国会于 1882 年通过《排华法案》，这是第一部针对特定族群的联邦移民法。美国华人面对虐待和屠杀，进行了不屈不挠的抗争，他们聘请白人律师打官司进行索赔和伸张正义；中国政府和外交官也严正交涉，维护华人利益。本书史料翔实、叙事详尽，作者对历史人物具有共情心，真实地再现了美国排华这一逐渐被人淡忘的领域。

关键词：美国华人；移民；排华法案

《驱逐：被遗忘的美国排华战争》（以下简称《驱逐》）①是

---

① Jean Pfaelzer, *Driven Out: The Forgotten War against Chinese Americans*, New York: Random House, 2007.

美国特拉华大学从事英语研究、美国研究、东亚研究及妇女研究的琼·菲尔泽教授的名著。该著作于 2007 年出版，一经问世，便蜚声海内外，好评如潮，屡获大奖。琼·菲尔泽也因这部历史作品，被美国亚裔图书馆长授予"年度亚洲英雄"称号；其中译本由花城出版社于 2016 年出版。[①]

一

《驱逐》一书的写作缘于她在加州州立大学洪堡分校工作时的经历，当时她发现该校没有华人学生，感到十分困惑。经多方打听后她得知：在 100 年前，洪堡县的华人移民曾遭到过暴力驱逐，尤里卡镇的华人被围捕和清洗，因此，时至今日的华人移民仍然不愿意将孩子送到这里上学。洪堡是加利福尼亚州最大的海湾，洪堡海岸边就是尤里卡。琼·菲尔泽在加利福尼亚长大，出于对洪堡县的热爱，她感到有责任把这一段故事讲出来。

琼·菲尔泽作为移民的后代，曾在众议院劳工和移民委员会供职，并先后在美国多所大学执教，关注跨族裔研究。她来自一个跨族裔的家庭，父母分别来自俄罗斯和新西兰；琼·菲尔泽的丈夫是希腊人，其最小的女儿是领养的墨西哥裔人。他们生活在多族裔的社区里。这些经历使得她尽管是一位美国本土学者，却持续关注并研究与她似乎并不相干的华人历史。

----

① （美）琼·菲尔泽：《驱逐：被遗忘的美国排华战争》，何道宽译，广州：花城出版社，2016 年。

琼·菲尔泽教授并非历史学家，也没有受过专业训练，而正是业余的历史写作，使她对历史以及历史人物具有共情心，能够作出比较客观的判断。为了研究这段美国排华史，她造访了史学家虞容仪芳（Connie Young Yu），虞容仪芳的祖父容颂邛（Young Soong Quong）曾在圣何塞经商，也是控诉白人对华人暴行的华人原告之一。琼·菲尔泽穿上了虞容仪芳祖先的衣服，体验其祖先的情感。许多华人历史学家支持她把这段历史写出来，并给她提供了不少素材。作者经过七八年时间的准备，走遍加利福尼亚，进行实地考察和访谈，收集了大量一手素材。其内容之全面，种类之繁博，罕有其匹：从报刊新闻、司法文件、移民文件、日记，到招聘、私人通信、布告牌、剪贴簿，甚至还有许多珍贵的影像资料。作者以其三四十年的学术积累，对这些资料进行了扎实的考证，以细腻、生动的笔墨详实地再现了当时的排华暴行，揭开了这一段尘封多年的华人历史。①

二

全书以时间顺序为线索，共分为九章。前两章描述了淘金热到世纪之交，美国中西部的排华暴行。1848 年战败的墨西哥被迫将加利福尼亚割让给美国，殊不知 9 天前在加利福尼亚发现了金矿。1 个多月后消息传开，世界各地的淘金人纷纷

---

① （美）琼·菲尔泽：《驱逐：被遗忘的美国排华战争》，译者前言，第 8 页。

涌入加利福尼亚，有墨西哥人，拉美人、欧洲人，以及亚洲的华人。面对世界各地淘金者的竞争，白种人自视"优秀种族"，"来到新大陆的盎格鲁—撒克逊民族深信自己是上帝的选民，其中自然包括对种族优越的自信。"[1] 美国白人想独占金矿，对墨西哥人、印第安人、拉美人和华人进行驱逐。随着淘金潮的退去，大部分华工进入林场、农场和牧场。他们吃苦耐劳、手艺好、能够忍受长时间的工作，并接受比白人低的工资；这自然引起了白人的嫉妒和不满。"美国白人担心他们作为竞争对手，更努力和更长时间的工作以及低工资会降低美国工人的生活水平。"[2] 白人劳工认为华人是苦力，是"低种姓的奴隶"[3]。华人坚称自己是自由人，挣应得的工资，为自己工作。美国人认为华人无法归化为美国公民，他们只是过客，他们来到美国，却不带妻子，只是把工资寄回家，他们挣够钱就会回家。[4] 因此，19 世纪 70—80 年代经济危机到来时，华人劳工就成了替罪羊，遭到了种族主义者、失业老兵、欧洲移民的联合打压。整个加利福尼亚掀起了排华浪潮，对华人进行围捕、夜袭、虐待和屠杀。从 1850 年到 1906 年，美国中西部 250 多个镇掀起了排华浪潮，目的是驱逐所有的华人移民。1871 年，在洛杉矶爆发了对华人的大屠杀，对华人处以私刑，

---

① 资中筠:《二十世纪的美国》，北京：生活·读书·新知三联书店，2007 年，第 185 页。

② Thomas Sowell, *Ethnic America: A History*, New York: Basic Books, 1981, p.137.

③ （美）琼·菲尔泽:《驱逐：被遗忘的美国排华战争》，第 40 页。

④ 事实上大约半数华工最终回国，部分原因是由于在美国不愉快的经历。参见 Thomas Sowell, *Ethnic America: A History*, New York: Basic Books, 1981, p. 136.

街上尸首横陈，华人房屋被一扫而光，遇难者的现金和钻戒也被洗劫一空。"这种日益增长的排华运动在 1882 年美国国会制定《排华法案》时达到高峰"①。1882 年，在美国国会通过《排华法案》以后，不断有美国议员批评《排华法案》，认为它将种族歧视赤裸裸地合法化，是不人道和不公正的。但是，1889 年，美国最高法院最终裁定《排华法案》合乎美国宪法。一些非裔美国人虽然也遭受白人的迫害，但因为内战后正在打造与美国国家认同的新关系，也加入排华暴行，贬低并疏远华人。

第三章描述了加利福尼亚华人妇女的艰难处境。在安提俄克小镇，华人妓女遭到驱逐，同时也刺激了对华人妇女和乡间华人的驱逐。"虽然该法令只是限制娼妓入境，但在实际执行过程中，却使移民当局以此为借口，将华人妇女都当成娼妓而拒绝其入境。"②1875 年通过《佩奇法》③，禁止华人妇女入境，商人妻子除外，进入"限制华人女性入境期"（female exclusion）④。白人对华人妇女的驱逐，使她们身心备受摧残。

---

① 丁则民等：《美国内战与镀金时代》，北京：人民出版社，1990 年，第 158 页。

② （美）孔飞力：《他者中的华人：中国近现代移民史》，李明欢译，南京：江苏人民出版社，2016 年，第 236 页。

③ 《佩奇法》（*Page Act*），1875 年通过，来自加利福尼亚州联邦众议员贺拉斯·佩奇（Horace F. Page）的名字命名。该法阻止东亚特别是华人劳工及女性移民，首次限制特定群体的移民，虽未成功阻止中国华工，但限制了华人妇女入境，使美国华人比例更加失衡，加剧了娼妓业等相关社会问题，美国的排华行为愈演愈烈，最终导致美国国会于 1882 年通过《排华法案》。

④ George Anthony Peffer, *If They Don't Bring Their Women Here: Chinese Female Immigration before Exclusion*, Urbana and Chicago: University of Illinois Press, 1999, p. 8.

华人妇女从小就要裹脚，在被野蛮地从乡间小镇驱赶时，靠三寸金莲在大雨和泥浆中艰难跋涉，备受摧兰折玉之苦。①

第四章和第五章分别介绍了两种排华模式。一种是尤里卡镇赤裸裸的暴力和围攻，另一种是特拉基镇"冰与火的两手"的排华模式，即用剥夺华人的就业机会与羞辱的方式，驱逐华人。1885年2月6日深夜，在尤里卡镇的唐人街边架起了一个绞刑架。由于那个周五晚上两个华人对射，误伤了市议员大卫·肯德尔（David Kendall），由此点燃了尤里卡镇排华的"骚动之火"。白人想要复仇，火烧唐人街并且杀戮华人。大多数华人收拾东西准备离开，白人冲进华人店铺公然抢夺商品。但当地报纸不实的报道说，尤里卡并未发生进一步的暴力。实际上，对华人的迫害是极端的暴力。华人被驱逐后，白人要摧毁唐人街，鼓吹"消灭疫区"，把华人的传统、历史记忆统统抹掉。在洪堡各县的排华运动中，尤里卡镇对华人的清洗运动扩散到全州，影响全国。洪堡县吹嘘华人被清除殆尽了，并开始招募白人移民。然而，华人被赶走后，实际上白人劳工的境遇并没有得到改善，白人的工资照样低。华人之所以被攻击，是因为白人和华人的共性，他们经历了相同的生活和工作条件，他们看起来太眼熟了。②白人从华人身上看到了自己曾经的孤独、贫困、艰辛，对华人的攻击歧视是一种虚张声势。

另一种模式是特拉基镇通过饥饿的方法把华人逼走。在报馆老板、律师和州长候选人查尔斯·麦格拉申（Charles

① （美）琼·菲尔泽:《驱逐：被遗忘的美国排华战争》，何道宽译，第128页。

② Jean Pfaelzer, *Driven Out: The Forgotten War against Chinese Americans*, p.166.

McGlashan）的领导下，对华人实行经济抵制和排挤，剥夺华人的就业机会；对仍然雇用华人的白人老板进行公开羞辱，并在报纸上曝光其名字，逼迫他们解雇华工，华人被迫离开。

第六章阐述了在这段充斥着暴力和混乱的历史中，面对"有一整套用来迫害华人的错误和令人愤慨的系统"[1]，华人进行了英勇而顽强地反抗，他们通过法律途径进行索赔和伸张正义。在研究中，令琼·菲尔泽感触最深的是中国人竭尽全力反抗的勇气。中国人反抗的例子比比皆是，华人六大公司（Chinese Six Companies）认为法律途径是最好的解决办法。华人聘请美国白人律师弗雷德里克·毕（Frederick Bee，1825—1892，汉名傅列秘）打官司。弗雷德里克·毕嫉恶如仇、主持正义、同情华人的境遇，协助清政府，为华人争民权。曾担任清政府外交官 10 年，1878 年至 1887 年被特聘为清政府驻旧金山领事。他反对 1882 年的《排华法案》，维护《蒲安臣条约》，以白人律师和清政府外交官的双重身份，几次代表华人打官司。[2] 美国司法系统常常是凌辱华人的，通过法律禁止华人移民，使白人虐待、屠杀华人的暴力行为免受指控，却也成了华人捍卫权利、进行索赔的手段。在"永兴案"、坤兴通诉圣何塞等一系列案件中，援引《蒲安臣条约》《第十四条修正案》、1870 年和 1871 年保护黑人的《强制执行法案》《惩治三 K 党法案》。

1885 年，尤里卡镇对华人进行清洗，许多华人被驱逐

---

① 张庆松：《美国百年排华内幕》，上海：上海人民出版社，1998 年，第 148 页。
② （美）琼·菲尔泽：《驱逐：被遗忘的美国排华战争》，译者前言，第 17 页。

后来到旧金山，向华人和白人记者描述了那场虎口逃生的经历。中国领事馆弗雷德里克·毕表示华人要追究尤里卡镇的责任。在事件过去 11 个月后，赶在诉讼期失效前，华人转入攻势，1886 年 1 月 21 日，以 25 岁的华商永兴为代表，状告尤里卡镇进行索赔。清政府及中国驻旧金山领事馆、中华总会馆都予以了支持。1868 年，清政府与美国政府签订《蒲安臣条约》(*Burlingame Treaty*)①，第 5 条规定"大清国与大美国切念民人前往各国，或常驻入籍、或随时来往，总听其自便，不得禁阻，为是现在两国人民互相来往，或游历、或贸易、或久居，得以自由，方有利益"。"永兴案"诉状称，尤里卡镇违反了这一条约，必须付出代价。另外，援引美国的《第十四条修正案》②，赋予了个人和居民同样的权利，不是美国人也受到保护。而尤里卡镇没有对中国居民保护，违反了该法律，索赔 10 万美元。在诉讼过程中，华人遭遇重重障碍，许多地方否决其公民身份，不准他们出庭作证指控白人。财产损失用税单金额来计算，华人在美国打工或做小本经营，没有纳税记录，这显然是不合逻辑的。"永兴诉尤里卡案"是第一个华人向美国政府索赔的案子。尤里卡镇的官员、工会负责人知道，这一案件会成为排华清洗的判例案件。全体西部人民应该拼到底，

---

① 注：中美《天津条约续增条约》规定，中美建立友好关系，给予中国最惠国待遇，以西方国际法的方式确立了两国的平等地位。

② 《第十四条修正案》，该法令第一款规定："凡在美国出生或归化美国的人，均为合众国的和他们居住州的公民。任何一州，都不得制定或实施限制合众国公民的特权或豁免权的任何法律；不经正当法律程序，不得剥夺任何人的生命、自由或财产；对于在其管辖范围内的任何人，不得拒绝给予法律的平等保护"。

阻止这类官司。案子最终认定镇里没有对华人进行保护，但仅赔偿 22 美元的财产损失。从司法角度来说，官司输了，也许从来就没有打赢官司的机会，但是，让中国人意识到了通过司法系统捍卫自己的一切合法权利，也保护了其他的中国人，警示了有类似排华想法的城镇。华人诉讼改变了美国人对华人的刻板印象：即认为华人是温顺、被动挨打、只会干活的"模范移民"，而打官司是文明人的行为，没想到华人也会打官司。华人反抗针对他们的千奇百怪的规定，如《辫子条令》《扁担条令》《洗衣店条令》《立方空气条令》《墓地条令》。[①] 通过法制与白种美国人较量，争取财产法、民权法规定的权利。华人改写了美国法律条文，华人通过打这些官司，迫使美国遵守自己的法律，促进了美国民法的进步。

第七章专讲美国排华暴行最恣意横行的 19 世纪 80 年代。按时间顺序分为六节，每一节都分成 6 个部分：围攻与清洗，凶杀与残害，就业歧视与工作时遭遇的暴力，排华游行与集会，政府立法与司法判决，华人的抗争与坚持。19 世纪 80 年代是种族清洗的关键时期，到 80 年代末期，太平洋西北地区近 200 个城镇把华人驱赶出去。[②] 劫掠其洗衣房、商店和住宅，并把唐人街付之一炬，永久驱逐华人，到 19 世纪 90 年代，全国开始了排华运动。本章记录了对华人的清洗，也记录了华人的抗争。作者搜集当地报纸、日记、自传、司法文件、移民文件、剪贴簿，甚至是招聘、私人通信、呼吁书、布告牌等一切

---

① （美）琼·菲尔泽：《驱逐：被遗忘的美国排华战争》，第 273 页。

② Jean Pfaelzer, *Driven Out: The Forgotten War against ChineseAmericans*, p. 253.

相关资料，但仍然无法呈现当时的排华全景。有些清洗可能没有留下记录，有一些暴行可能不能准确地查证清楚，这一时期的排华暴行罄竹难书无法完全记述。本章采用实录的方式，内容简明扼要、层次分明，文字简洁精练，作者态度冷静、客观，揭示了19世纪80年代擢发难数的清洗狂潮。

第八章和第九章讨论了1892年的《吉尔里法》（Geary Act)，该法要求华人佩戴身份牌，是一块有证件照的卡片，证明自己是合法公民。[①] 给华人挂上号牌，打上烙印，使华人像罪犯，目的是羞辱、排挤华人。还把《排华法案》延长了10年，重申禁止华人移民归化为美国公民。并要求两个白人证明一个华人的移民身份，是一项颇具羞辱性的条款。1892年9月19日，中华总会馆[②]号召在美华人不服从《吉尔里法》，认为它贬低了华人，要反抗这一不公正的恶法。华人响应号召不服从"狗牌法"，掀起了美国历史上最大规模的公民不服从运动。他们躲避登记，不领身份牌，尽管有被遣返回国的危险。因此，国会议员吉尔里要控告中华总会馆的领袖，说他们密谋华人的不服从运动，但中华总会馆并未妥协，要求华人继续不服从《吉尔里法》。旧金山税务局的约翰·奎因（John Quinn）在截止申领身份牌的前2个月，抓捕没有登记证的人。需要登记的11万华人中，只有3169人完成了登记。到了3月，遣返

---

① （美）琼·菲尔泽:《驱逐：被遗忘的美国排华战争》，第326页。

② 中华总会馆：美国华人社团，成立于1862年，美国登记注册名称是中国六大公司（Chinese Six Companies），1878年易名为"中华总会馆"。"一个可信度高、有组织的系统，为会员移民提供帮助"。参见 Yucheng Oin, *The Cultural Clash: Chinese Traditional Native-Place Sentiment and the Anti-Chinese Movement*, Lanham: UPA, 2016, p. 37.

303 名华人，每人的遣返成本是 1000 美元。在经济萧条期，美国缺少遣返 10 万华人的所需经费。财政部、最高法院、地区法院、联邦法院执行局、县监狱和国务院，就遣返华人问题相互推诿，陷入混乱。华人组织大罢工，饭店和餐馆失去了华人厨师和洗衣工。旧金山《东方华人报》的编辑季沃尔警告美国人"美国总有一天会为这一切后悔的"。[①]清政府及领事馆、中华总会馆也进行了艰苦卓绝的斗争，保护在美华人。清政府照会美国国务院，如果对华人采取强迫行动，大清国将断绝与美国的外交和商务关系，在华美国人也会被迫离境，贸易终止。美国在华传教士害怕被报复，通用电讯公司正谋求在华扎根，都要求美国停止攻击华人。最终，肯塔基州的众议员詹姆斯·麦克雷里（James McCreary）提出了《吉尔里法》修正案，国会表决通过，做出了妥协。清政府为了两国的贸易，也默许了麦克雷里修正案，中华总会馆失去了中国政府这个最强大的同盟。1894 年 1 月 20 日，中华总会馆告知所有华人根据《吉尔里法》登记，劝告所有劳工遵守这一法律。弱国无外交，在与美国的这场外交博弈中，清政府和外交官虽然据理力争，但最终不得不妥协退让。到 1902 年和 1904 年，《排华法案》法律效力变为无限期延长，"规定华人劳力不得再进入美国，华人永远不能归化为美国公民"[②]。1941 年珍珠港事变爆发后，美国将战线拉到太平洋地区，远东太平洋舰队总司令亚内

① （美）琼·菲尔泽：《驱逐：被遗忘的美国排华战争》，第 359 页。

② 钱满素等：《世界文明图库——年轻的美利坚》，上海：上海文艺出版社，2002 年，第 172 页。

尔（H．E．Yarnell）说："中国大陆是远程炮弹唯一能击中日本的地区。"[1] 中华民族在战时表现出了强烈的爱国情怀和艰苦卓绝的勇气，付出了巨大牺牲，牵制住了日军大部分军力，赢得了世界的普遍尊重。这一点也得到了美国国会的承认。[2] 出于政治上的利益考虑，为了巩固和中国的联盟，1943 年罗斯福总统签署《马格纳森法案》，废除了排华法案。不过，美国对华人入境数量仍有严格限制，每年允许 105 人获得新的入境签证。[3]

三

本书将这一段被遗忘的美国排华历史呈现出来，对华人遭遇的种族清洗进行了详细的描述，资料翔实，提供了丰富的历史数据，全书配以一系列令人印象深刻的图片，增强了其可信性、叙述性与感染力。在加利福尼亚发现金矿，包括华人在内的世界各地的淘金人涌到该地。金矿区没有女人，华人矿工在生活上亲力亲为，自己洗衣煮饭，睡着狭小的多层床，当时在

---

[1]　U.S. House of Representatives, *Hearings before the Committee on Immigration and Naturalization*. 78th Congress, 1st Session, May and June, 1943, p. 249. 转引自黄智虎：《美国〈排华法案〉的兴废与中美外交关系》，《世界经济与政治论坛》2013 年第 3 期，第 106 页。

[2]　U.S. Congress, *Congressional Record*, 78th Congress, 1st Session, Vol. 89, Part 6. 转引自黄智虎：《美国〈排华法案〉的兴废与中美外交关系》，《世界经济与政治论坛》2013 年第 3 期，第 106 页。

[3]　曹雨：《美国〈1882 年排华法案〉的立法过程分析》，《华侨华人历史研究》2015 年第 2 期，第 44 页。

歌曲、戏剧、广告中的华人男子形象缺乏男人味，多有女人气。作者配以多幅图片，以帮助解释、阐明当时情况，其中的一幅，华人矿工睡在多层床上，也有华工在缝补衣服，不见采矿时的勤劳无畏，尽显女性气息，反映出当时美国人对华人的看法有失偏颇，也表现出华人矿工在生活上的艰难处境。这一时期的华人妇女处境也很艰辛，1876 年在萨克拉门托河与圣华金河交汇处的安提俄克小镇，华人妓女遭到驱逐，她们大多是逃离了旧金山的性奴身份来到这里的，如果重回旧金山，会再次经历悲惨命运，因此她们很想留下来。安提俄克镇上的人们认为华人妇女身子不洁是性奴、商品，可以买卖、清除。这些遭奴役的女人被驱逐后，报纸和法律文书中就没有她们的消息了。被运回旧金山的华人妓女大多被送回路边的"鸽子笼"里被迫勾引路人。作者找到了被关在"鸽子笼"里的华人妓女的照片，向世人真实地再现了被关在铁丝窗后面无依无靠的女性。①

《驱逐》一书对美国华人史研究具有独特的贡献。美国的华人史研究始于 19 世纪晚期。起初，历史学家和社会学家几乎都是站在种族主义立场上研究华人问题，肆无忌惮地诬蔑和诋毁华人，明目张胆地为美国政府的排华政策进行辩护。②琼·菲尔泽经过现场踏勘和历史钩沉，比较客观、全面地再现了这段历史。如第四章和第五章分别介绍了尤里卡镇赤裸裸的暴力围攻和特拉基镇"冰与火的两手"这两种排华模式，站在

---

① （美）琼·菲尔泽：《驱逐：被遗忘的美国排华战争》，第 110 页。

② 杨国美，黄兆群：《美国华人史研究概况》，《九江师专学报》1993 年第 1 期，第 55 页。

客观的立场上，对美国的排华行为进行了详尽的描述，也做出了剖析。对华人妇女的探讨和论述也颇具特色，不仅描写了商人妻子以及华人妓女的艰难处境和悲惨命运，也写了华人妇女勇敢的反抗和逃亡，以及通过法律途径捍卫自己的权利，对研究美国华人妇女做出了贡献。该书推动了美国华人史的研究，具有十分重要学术意义和参考价值。

当然，将这一段美国排华历史再现，内容如此浩繁，史料种类如此繁杂，实属不易，难免白圭之玷。第一，作者搜集到了大量史料，但对一些史料只进行了归类叙述，使全书内容不免有重复之处。而且对大量珍贵的一手资料，作者并未进行深入地分析，没有将这些记录背后的故事进行深挖，不无遗憾。第二，第三章题名是"华人妇女的悲泣"，但本章所配的图片，大都是一些富裕商人家的妇女，照片中的女性仪态端庄，折射出了较为优渥的生活，展现出的是一幅岁月静好的画卷。第三，本书对华人移民问题的探讨，忽视了人口流动的"推拉理论"，仅侧重分析美国阻止华人移民的原因，如美国人认为华人不能融入美国社会，华人妇女卖淫，等等，却忽略了中国阻止移民的因素。在旧金山采矿的华工没有携带家属，不仅因为美国法律的禁止，如《佩奇法》阻止华人女性移民，也因为清朝政府规定华工将其家属留在中国，以保证华工可以将钱寄回中国。正是中国清政府的推力和美国政府的拉力，共同影响了华人向美国移民。① 第四，全书详细描述了华人遭到驱逐、

---

① Diana L. Ahmad, "Driven out: The Forgotten War against Chinese Americans by Jean Pfaelzer (book review)", *The American Historical Review*, vol. 113, no. 1, 2008, p. 192.

屠杀、私刑等残酷的迫害，呈现的是"模范移民"的形象，对华人进行的不屈不挠的反抗以及通过法律进行赔偿和伸张正义的描述则非常简短。[①]然而，瑕不掩瑜，《驱逐》一书比较全面阐述了美国排华这一被遗忘的领域，填补了美国华人这段历史的空白，让这段被遮掩的历史重见天日，正是本书的意义之所在。

作者简介：刘晓娜，女，江苏师范大学历史文化与旅游学院硕士研究生，研究方向为美国史；赵辉兵，男，江苏师范大学历史文化与旅游学院教授，历史学博士，主要从事美国史、西方政治思想史研究。

---

① Hellen Lee-Keller, "Driven out: The Forgotten War against Chinese Americans by Jean Pfaelzer（book review），" *Southern California quarterly*, vol. 90, no. 2, 2008, p. 210.

海外知名侨领

新一代华侨 新一代风貌

——记澳大利亚江苏会会长尤本林

沈红卫

在澳大利亚维多利亚，尤本林这个名字就是一张亮丽的中国文化名片。他不仅是一位知名侨领，更是位在中医古文献翻译出版、中医临床疑难杂症辨证治疗和中国经典书法传承三个

领域均有建树的当代中国文化学者。现任中国画院常务理事，澳大利亚中国书法家协会主席团主席，澳大利亚江苏总商会副会长，澳大利亚江苏会会长。

尤本林先生曾在南京中医药大学执教16年，1994年破格晋升副教授。他曾先后合作翻译出版陈可冀、程莘农两位院士编著的《中国

尤本林（右）应邀出席中国驻墨尔本总领事馆中国文化开放日活动

针灸学》《慈禧光绪医方选议》等八部全球发行的中医著作。三度在世界医药学信息大会上发表中医合作论文，28岁时任世界卫生组织日内瓦总部五级译员，29岁成为《汉英对照中医药学大全》最年轻英文版审校，20世纪90年代初江苏电视台的第一代英语新闻节目主持人。

1987年11月，第二届世界针灸针麻学术大会暨世界针灸学会联合会成立大会在北京召开。世界针联成立大会筹备工作整套中英文文件的编辑、翻译和审校均由他一人独立承担。来自十几个国家和地区出席世界针联成立大会的专家非常惊讶，竟然没能挑出任何英文语法或表达方面的毛病。在澳大利亚墨尔本，他还应邀为时任中国外交部长李肇星和中国国务院参事室考察团担任过工作翻译。

尤本林的家乡地处南京浦口老山北麓、滁河南岸，有着丰富的植物中药材资源。"文革"期间，一位驻村的部队军医采集中药为他患有重度哮喘的母亲治病。这使得他日后对中医产生了浓厚的兴趣。大学毕业后，他被分配在南京中医药大学从事国际针灸培训教育。如此得天独厚的中医学术环境促使他如饥似渴地学习中医，立志成为一名中医国际教育培训复合型人才。他利用课余时间跟随孟澍江、王灿辉、尤松新等老一辈知名中医教授临诊抄方，打下了非常坚实的临床基础。20世纪80年代末，中国实行高等教育自学考试制度，已是讲师的他毅然报名参加中医专业自学考试，前后五年完成所有规定课程的学习。正当他继续报名参加中医研究生班课程学习时，澳大利亚的东方自然疗法学院聘请他到该校发展中医教育项目。

尤本林应邀在中国南方航空公司广州总部为外籍空乘人员介绍
中国书法文化

尤本林为法国航空公司现场题书

尤本林先生自幼酷爱书法，初中时任班级黑板报刀笔吏，

高中时已有同学拿他硬笔字当范本练习。1983年，他拜在母校南京大学侯镜昶教授门下学习书法理论和书法实践。在先师的悉心指导下，他不仅提高了书法技法，更打开了学习中国书法文化的那扇门，初步探索到深入学习中国书法的门径。这使他日后走上碑帖兼容、质妍双修的艺术道路，成为南京大学碑版派书法传人，形成中锋用笔，使转丛横，点画跌宕，结构舒展，体势贯气，脱俗致雅的艺术风格。

今年，尤本林先生作品被收录于《企业收藏书画指南》《世界华人艺术名家收藏年鉴》和《百年百家》等大型艺术典籍，成为中国文化复兴"华夏品牌名家榜"重点推荐书法名家和最具收藏价值的中国当代书法名家。2020年12月，富澳地产集团还在文化名都墨尔本专为他举办"当代中国书法名家尤本林作品收藏专场鉴赏会"。

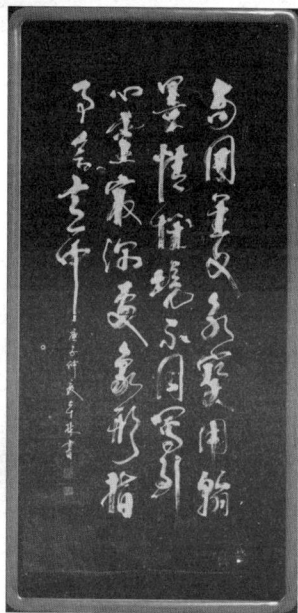

尤本林草书作品：商周金文永宝用，翰墨情怀境不同。写到心灵最深处，象形指事会意中。

作者简介：沈红卫，澳洲注册执业中医师，澳大利亚江苏总商会副会长，澳大利亚徐州总商会会长。

学术资讯

中国侨联重点项目"江苏华侨华人史"调研活动顺利开展

2020年8月至12月，历时近5个月，江苏师范大学华侨华人研究中心主任张秋生教授领衔的"江苏华侨华人史"研究和调研团队先后赴江苏省内13个地级市，以及近30个下级区、县、镇进行考察、座谈、访谈等活动，得到省、市及县区各级侨联领导和侨务工作人员、新老归侨的大力支持。

调研活动中，调研组共进行了近30余场座谈，先后访谈近百位新老归侨代表，考察各地侨乡、侨企、侨胞之家、侨联交流基地等近50个，发掘和收集到大量研究资料。

（1）侨界名人录和侨史著作：如《侨海镇江人》《侨话镇江》《走遍五洲林西人》《荣氏人瑞》、《唐氏家族传奇》《海外扬州人》《淮上游子吟——淮安侨史人物剪影》《海外泰州人》《根在彭城》《百年风雨百年华兴》《常州侨联志》《新中国初期华侨归国记》《绿叶对根的情意——扬州学子在海外》《徐州侨界风采录》等。

（2）口述和调查材料：如《南通新侨口述史》《南通老归

侨口述史》《江苏省老归侨基本资料手册》《常州老侨口述历史汇编》《常州市侨联老归侨调查问卷表》《苏州侨情资料收集》《赤子侨心——早期归侨回忆录》《华兴侨史》《华兴村资料集》《宿迁市港澳台侨资企业情况统计表》《宿迁市侨领信息》等。

（3）侨务工作志：包括系列杂志如《江苏侨联》（计 11 期）、《南京侨联》（计 39 期）、《苏州侨联》（计 22 期）；此外，还包括以下侨务工作汇编，如《南京市归国华侨联合会成立 50 周年纪念（1960—2010）》《砥砺六十载，共圆中国梦》《常州侨务志汇编》《无锡市侨联市志和年鉴》《无锡市侨联第七届委员会工作回眸（2007—2012）》《海门侨界支援抗疫纪实》《万水千山总是情 扬州市侨联五年工作剪影（2012—2017）》《淮安市洪泽区侨联五年工作回眸》《徐州市侨联 30 年（画册）》等。

（4）海外侨团、侨领信息：各地侨联向调研组提供了多达 758 家海外侨团、侨领的联系录，其中关于德国江苏总会、比荷卢江苏商会、澳大利亚江苏总会、新加坡江苏会、加拿大江苏总商会、加拿大江苏同乡联谊总会、马达加斯加南通商会、泰国江浙商会、阿联酋江苏商会等附有介绍和工作志等。

通过实地考察、座谈、访谈，项目组对江苏侨史的发展脉络和侨情特点等有了更为准确的把握。在对江苏各地进行侨情侨史摸底的基础上，调研组还有针对性地进行了专题性调研，主要是对此前调研中发现的新的侨史、侨情资源进行进一步深入挖掘；对一些重要侨界人物进行深入访谈；查阅研究所需而尚未掌握的地方侨史文献档案等。

此外，通过联系海外江苏华侨华人社团，调研组电话采访了欧洲、美洲、澳洲等地的多位侨领并搜集到较多的相关研究资料，对海外江苏华侨华人侨情、侨史进行了深入了解。一方面，课题组进一步了解到海外各主要国家和地区江苏华侨华人的人口分布、参政情况、经济发展、行业发布等的最新进展；另一方面，课题组获得了较多与华侨华人活动、侨社组织等方面的文字、图片和侨史资料，了解海外江苏华侨华人和侨社的历史与发展。同时，通过侨社和侨领的桥梁作用，与一些国家和地区的侨界代表建立了直接联系，为进一步开展线上访谈和资料发掘奠定了基础。

在实地和线上调研的基础上，《江苏华侨华人史》书稿的写作正有条不紊地开展。由张秋生教授、颜廷副教授和邵政达副教授完成的阶段性研究成果将以专题组稿形式在《江苏师范大学学报》2021年第3期上发表。

课题组在江苏省侨联座谈（右二为中国侨联副主席兼江苏省侨联主席周建农；左三为课题主持人、江苏师范大学华侨华人研究中心主任张秋生教授）

课题组在南京市华侨村——华兴村与部分老侨代表座谈

课题组在扬州市侨联就侨情、侨史开展调研

课题组在镇江市侨联与老侨代表交流侨史

课题组在苏州昆山振东侨乡调研，并参观了"孙中山与振东侨乡"陈列馆

课题组在无锡市侨联与无锡老归侨、侨史专家座谈

课题组在常州市华侨文化交流基地——青果巷调研

课题组在连云港市侨联与侨商代表、部分归侨座谈

课题组在淮安市张纯如纪念馆调研

课题组在泰州市著名侨资企业——兴化顶级手套有限公司调研

课题组在南通市华侨博物馆调研，并与访谈的部分老侨代表合影

调研组在宿迁侨企洵疆实业调研

课题组在盐城市华侨文化交流基地黄逸峰故居调研

课题组在徐州市侨联与部分新侨、老侨和侨商代表座谈交流

澳大利亚研究中心主任张秋生教授一行参加第三届大洋洲研究高层论坛

2020 年 11 月 14 日至 15 日，"第三届大洋洲研究高层论坛暨《大洋洲蓝皮书：大洋洲发展报告 2019—2020》研讨会"在广东省珠海市召开。此次论坛由中国亚太学会大洋洲研究分会主办，由教育部国别和区域研究培育基地中山大学大洋洲研究中心、中山大学"一带一路"研究院和中山大学国际关系学院承办，来自国内外多个高校和研究机构的 70 多位专家学者出席本次论坛和研讨会。开幕式由中山大学大洋洲研究中心主任喻常森教授主持，中山大学"一带一路"研究院院长陈建洪，中山大学国际关系学院副院长牛军凯，中国社会科学院研究员王玉主，华东师范大学教授、中国亚太学会大洋洲分会会长汪诗明分别致辞。

开幕式上，江苏师范大学澳大利亚研究中心张秋生教授与华东师范大学汪诗明教授和陈弘教授、北京外国语大学韩锋教授、澳大利亚格里菲斯大学马克林（Colin Mackerras）教授等 8 位知名学者围绕大洋洲地区的政治、经济、外交、社会、

文学和环境史分别做了主旨发言。在之后的分会场讨论中，与会学者们主要围绕"大洋洲文学""大洋洲人文与教育""大洋洲历史""大洋洲国际关系""澳新内政事务"等5个议题分组进行了广泛、深入的交流与探讨。澳大利亚研究中心颜廷副教授主持了第二分会场"大洋洲国际关系"的小组讨论，并与赵昌博士分别作了题为"近十余年中国对澳大利亚投资移民：基本状况、问题与对策"和"杰弗里·布莱尼与'黑臂章历史观'"的小组发言。

闭幕式上，中国亚太学会大洋洲分会会长汪诗明教授总结本届研讨会具有四大特点：一是首次采用线上和线下相结合的方式；二是参会的年轻学者相较前两届有明显的增加，大洋洲研究后继有人；三是大洋洲研究呈现出均衡化发展的趋势，本届研讨会有关新西兰和太平洋岛国的报告增多；四是本届研讨会极具开放性和包容性，不仅富有成效，且学术氛围良好。最后，汪诗明教授宣布第四届大洋洲研究高层论坛将由聊城大学太平洋岛国研究中心承办。

第三届大洋洲研究高层论坛暨
《大洋洲蓝皮书：大洋洲发展报告 2019-2020》研讨会

澳大利亚研究中心／华侨华人研究中心主任张秋生教授一行参加国家民委第二届"一带一路"与民族地区发展论坛

2020 年 11 月 23—25 日，以"为推动民族地区经济社会全面发展和铸牢中华民族共同体意识献言进策"为主题的国家民委第二届"一带一路"与民族地区发展论坛在大连民族大学召开。本届论坛由国家民族事务委员会指导、大连民族大学和大连市民族宗教事务局共同主办。来自全国 60 多所高校、科研院所的 200 余名专家学者围绕"一带一路"倡议与民族地区新进展、新形势、新举措，"一带一路"倡议下民族地区对外人文交流与区域合作，推动"一带一路"建设与民族地区经济共赢发展等议题进行了交流研讨。

中心主任张秋生教授和中心成员鞠长猛副教授应邀与会。11 月 25 日，张秋生教授在"'一带一路'倡议下民族地区对外交流与区域合作"分论坛作了题为《关于加强澳大利亚华侨华人与澳中关系研究的思考》的报告。张秋生教授回顾了华侨华人移民澳大利亚的历史，分析了华侨华人在促进中澳关系发展、推动"一带一路"倡议在澳落地等方面发挥的重要作用，还结合中澳关系现状就华侨华人抗击疫情、维护正当权益、推动两国关系改善等问题阐述了自己的观点。随后，鞠长猛副教授在该分论坛作了题为《澳大利亚对"一带一路"倡议的认知：态度、困境与对策》的小组发言，对澳大利亚政商界推动"一带一路"倡议落地方面的分歧、对该倡议的误解和偏见进行了研讨，最后提出了我国加强"一带一路"在澳传播的对策建议。

会议期间，张秋生教授作为国家民委"一带一路"国别和区域研究中心——澳大利亚研究中心负责人参加了"第六分论坛基地建设研讨会"的讨论。张秋生教授详细介绍了江苏师范大学在澳大利亚和华侨华人研究方面取得的主要成绩，分享了在教育部国别和区域研究中心建设方面的主要经验，同时对加强国家民委"一带一路"国别和区域研究中心建设提出了意见和建议，受到了民委主要领导和其他基地负责人的一致好评。在大会闭幕式上，举行了优秀论文颁奖仪式，鞠长猛副教授的论文荣获本届会议优秀论文二等奖。

澳大利亚和大洋洲是 21 世纪海上丝绸之路的自然延伸与重要节点，其华侨华人与中澳关系、移民政策与族群关系，以及原住民问题等都关乎"一带一路"的高质量发展，值得进行深入的学术探讨。江苏师范大学澳大利亚研究中心作为唯一一家受国家民委邀请参会的澳大利亚研究中心，将坚持一流标准，充分发挥思想库和智囊团作用，为服务国家战略、服务地方政府决策大局，建设高水平的国别和区域研究中心作出自己的贡献。